MAMÁ

LA CAPITANA

DE MI VIDA

HERMOSA E INÉDITA EXPERIENCIA PERSONAL

QUE AYUDARÁ A TODAS LAS MADRES A LLEVAR

A SUS HIJOS A LA CIMA DEL ÉXITO

José Ramón Vilte Grande

YO VÍ QUE LAS MADRES

LO PUEDEN

TODO.

¿ENTONCES PORQUÉ NO CAMBIAN

ESTE MUNDO?

ÍNDICE

INTRODUCCIÓN

Estos escritos que han sido secretos para mí, reflejan una parte de mi vida que va desde antes de nacer hasta mi egreso de la universidad. Y estoy muy seguro que las experiencias vividas y resueltas de un modo natural, servirán de guía a las madres que quieran acompañar a sus hijos a lograr y saborear el éxito. Destaco que estas vivencias se desarrollaron en el norte de Argentina, en una tierra en donde los climas y colores renacen cada mañana con los tonos que sueña la gente, y en donde los pueblos no producen ruidos de ciudades. Allí, donde yo viví, todo lo puso la madre naturaleza, hasta el canto del viento. Allí se vive de otra manera.

Cuando yo era chico, vivía con mis padres y con mis hermanos, en una casa de madera, con patio y calle de tierra, lugar en donde hemos construido muchas historias y en donde está mi madre como eje de mi vida. Y en este tránsito que va desde que yo existo hasta hoy que ya soy un hombre, he tenido y sentido -lo que todo hijo tiene y siente- "una muy buena madre", como son todas las madres del mundo, y con todas las cosas lindas, alegres, positivas, que ella me dio, como lo dan todas las madres del mundo.

Pero si de algo especial me he percatado, una vez que me hice grande, es que mi madre -para llevarme a la cima-, ha encarado situaciones con mucho riesgo algunas, y muy osadas otras, de tal modo que yo las califico como extraordinarias, y sin las cuales yo no habría conocido el éxito como tal. Entendiéndose el éxito personal como el resultado o final feliz de grandes objetivos elegidos libremente para el bien.

Esta consideración -para las experiencias de vida que me sucedieron- la rescato como muy importante porque de seguro serán una gran ayuda para las madres que anhelen que sus hijos toquen y perciban el olor del éxito. Así como para aquellos hijos que sueñen con llegar a una cima -por lo menos-, y mejorar este hermoso mundo. Y tengo que destacar como muy interesante e importante, el equipo que hemos formado mi madre y yo en la transformación del medio en el cual hemos logrado todos los objetivos.

Ruego al lector -sea un hijo o una madre-, que cuando lea estos relatos confidenciales, se tome la oportunidad buscando darse tiempo para leerlos, y darse la tranquilidad para entender e imaginarse las distintas situaciones en las que me encontraba cuando yo vivía aquella parte de mi vida, a la vez que podrá palpar más de cerca mis alegrías, mis tristezas vividas, y más aún, comprender cabalmente los mensajes de vida y de fortaleza que intento transmitir. Cada párrafo de estas confesiones lleva consigo un mensaje de sacrificio, un modo de vida, el fuerte convencimiento hacia el logro de metas y objetivos, la consideración por el otro, una gran dosis de amor por la vida, y la certeza de que éste es el único camino a seguir para llegar al éxito personal con el acompañamiento de una madre.

No tengo explicación por la forma de exponer la cronología de mis relatos, pero sí sentí como si fuera normal, que a partir de cierto momento detener el tiempo, al menos en la redacción, como si todo fuera ayer o anteayer y en donde los años no avanzan. Y si el reloj no corre más, hablemos del ¿dónde? y no del ¿cuándo? Esto, con seguridad tiene que ver con mi manera de ver la vida y cómo me acorralan los años cuando yo más pausados los necesito.

Espero disfruten de mis locuras vividas y valoren -aunque sea un poquito- el coraje que tuve para hacer conocer estas cortas y ricas historias.

Y por último, dejo librado a la imaginación del lector

o lectora el recorrido por las distintas fuentes de información a las que yo pude haber recurrido para escribir estas crónicas, además de haber vivido personalmente maravillosas experiencias con mi familia, con otras familias, con amigos y enemigos también, que enriquecieron mi vida.

El Autor.

CAPÍTULO 1

PACTO DESDE LA PANZA

Por la vida misma estoy aquí. Tal vez por un milagro. Pero más que nada por mi madre, quien decidió que yo viviera -alentada- por el médico que la atendió en un "dispensario" del barrio, y quien le dijo: "tienes que saber que tu bebé pequeñito como es, ya escucha todo lo que se dice a su alrededor, aunque esté en tu vientre". Ella atribuía a su embarazo los cambios producidos en su entorno, lo que la llevó a evadirse de la casa de sus padres (mis abuelos). Mis abuelos vivían en Villa Urquiza, San Miguel de Tucumán.

Corría un mes de mayo y mi madre estaba en dificultades. Ella sería marginada por su familia y por sus vecinos si me mostraba en su embarazo. Por eso es que mi padre biológico que tiene igual nombre que el mío, apoyó a mi madre en la decisión de irse de casa. Lo que no sé si decididamente acompañó a mi madre en la decisión de que yo exista. Pienso que sí. Una noche se fugaron, como se decía entonces y mi madre con 17 años dejó atrás otros hermosos proyectos. Se fueron a vivir al norte, a la Provincia de Salta, más precisamente llegaron a Orán a la casa de un tío llamado Cándido. Viajaron en tren, y allí vivieron hasta después que yo nací, un 11 de diciembre. Pero, no nací en Orán. ¿Por qué nací en otro Pueblo un poco más al este, en Embarcación? ¡Quizás nunca lo sepa! Ése viaje en tren antes de nacer fue muy duro. Pareciera que mí madre no tenía elección.

Embarcación es un pueblo chico plantado en el mismo Chaco Salteño a orillas del Río Bermejo -el segundo río más ancho y caudaloso de Argentina-. El Bermejo nace en Bolivia y desemboca en el Río Paraná, y su recorrido muestra tal cual como si fuera una "lampalagua". Y en honor a ese inmenso y temible río, el Bermejo, muy rico en peces y testimonios aborígenes, es que yo todavía respondo cuando me preguntan dónde nací, diciendo:

-*"Nací a orillas del Bermejo, en Embarcación,*
-con un dorado en la mano y una mujer en mi corazón."

En cuanto a la mujer, con seguridad me refiero a mi madre.

En esa zona, el mayor movimiento económico fluía de la tala de árboles del monte, de la producción de maderas en los aserraderos, del gran movimiento de compra y venta de ganado vacuno, y de los intercambios comerciales realizados por los viajantes que iban y venían por tren desde Bolivia, Chaco, Jujuy y Salta. El ferrocarril, esencial medio de interconexión entre los pueblos también tenía talleres de mantenimiento y reparación de trenes allí en Embarcación.

Me concentro en el embarazo de mi madre y todavía siento su voz, sus risas y sus caricias. Me la imagino muy feliz, libre y dibujando su futuro a mi lado y por qué no decir, también dibujando mí futuro a su lado. Y por la actitud de pro vida que yo llevo impresa, igual a la que ella llevaba, con seguridad que hablamos mucho de mi salud, de mi cuidado, de mis estudios, de mis trabajos, de mis novias, de mi familia, de mis viajes, de mis juegos y deportes, en fin,..., de todo.

Y si mal no recuerdo, tengo en mi mente suavemente grabado un diálogo del cual hicimos un pacto entre los dos, con la música de fondo más dulce que yo haya oído en mi vida, la música de la risa de mamá. En este marco maravilloso nos dijimos muchas cosas, como solíamos conversar, cerrándose el pacto en lo siguiente:

-*"Hijito bello, hijito de mis entrañas, serás el hombre más dichoso y feliz de la tierra. Tendrás momentos dichosos y felices y momentos que te cortarán esa dicha y esa felicidad, pero debes saber que la vida se vive para una sola cosa, para ser afortunado y feliz. Busca todos los días esa dicha y esa felicidad. Y así como yo soy dichosa y feliz de tenerte en mis entrañas, cuando seas grande serás dichoso y feliz al lado de la mujer que te elija y que vos elijas. Escucha, si yo llegué hasta aquí para que estemos juntos, vos también llegarás muy pero muy lejos, nada es imposible en la vida. No te olvides, trabaja y lucha día a día por esa dicha y por esa felicidad que te esperan. Solo de esta manera querrás vivir muchos años, como cien. Entonces yo te enseñaré a buscarlas y vos tienes que prometerme que enseñarás a tus hijos también a buscar la dicha y la felicidad."*

Y al fin, llegó el mejor día, yo nací, y me nombraron José Ramón pero me llamaban "Pepito". Y en mi cara, en mi cabeza, en mis manos, en mis brazos, en mis piernas, en mis pies, siento el calor y tengo las huellas de los labios y manos de mi madre, besándome y acariciándome como jamás se le haya ocurrido a mujer alguna. Todavía veo su mirada dulce y cansada por los largos viajes en esos nueve meses. Y lo más hermoso, su afán por enseñarme a sonreír.

Después, mamita y yo volvimos a la casa del tío Cándido en la ciudad de Orán, ahí cerquita nomás, al Oeste de Pichanal. El tío Cándido era tucumano, primo de mi abuela materna. Y así, yo nací en tierra salteña rodeado de tucumanos.

CAPÍTULO 2

MAMITA, CUÉNTAME QUÉ PASÓ

Apenas salimos del hospital, y yo con solo días de vida y mi madre apenas repuesta de su parto, continuamos con el viaje hacia el norte de la Provincia de Salta, y otra vez viajando en tren. Esta vez lo hacíamos hacia General Enrique Mosconi, un pueblo cuyo núcleo económico eran los talleres y plantas de almacenaje de YPF -Yacimientos Petrolíferos Fiscales-.

Muy cerca de Mosconi a seis kilómetros de distancia al oeste erguía la Administración de YPF, en Campamento Vespucio. Mosconi y Vespucio eran dos caras de una misma moneda, en donde la moneda misma era la industria del petróleo y las caras mostraban un pueblo muy sacrificado, por un lado, y por otro, una sociedad selecta de técnicos y profesionales con casas uniformes pero del mejor estilo y comodidades. Vespucio hoy está abandonado, desolado, le llaman pueblo fantasma. Para una mejor ubicación, al norte de Mosconi, a nueve kilómetros, está Tartagal una ciudad habitada por familias de mucha entrega y postergaciones. Siguiendo más al norte de Tartagal, a unas decenas de kilómetros, uno pisa tierra boliviana.

Apenas bajamos en Mosconi mi mami visitó una amiga que conoció en Embarcación y por esta relación conocimos a la Sra. Olga y su esposo Don Gabriel quienes serían más tarde mis padrinos de bautismo. Mi mamá lloraba mucho porque mi papito se quedó en Embarcación. "No importa hija" le decía quien sería mi madrina, estás en un lugar muy lindo aquí en el norte y en donde hay mucho trabajo. A mi madre le preocupaba ser mamá soltera, necesitaba apoyo, y mucho más le preocupaba mi cuidado.

Pero mi preocupación era otra, saber más, y por eso pensaba y me decía a mí mismo: Mamita, cuéntame que pasó. ¿Por qué nos fuimos de Embarcación? ¿Por qué se quedó mi papito? ¿Estamos bien así como estamos, los dos solos? ¡Si vos estás bien, yo te acompaño!

Pasaron unos días y quienes casi eran mis padrinos le presentaron a mi mamita un hombre muy callado, sencillo, simpático y de gran corazón, su rostro marcaba la dureza del clima sobre su piel, morocho por su pelo y por su piel, diría más bien un hombre autóctono. Lo sobresaliente de ése hombre era su deber para con el trabajo. Muy pronto hablaron de casamiento y ése hombre Don Raimundo, pasó a ser mi nuevo papá, es decir mi padre adoptivo. Qué suerte la mía, -en un muy corto tiempo- ya tenía mamá y papá casados y padrinos, también ya tenía apellido de padre. Había plata, comida, ropa, calzado y bebidas. Mi nuevo papá alquiló una habitación allí en Mosconi y vivíamos felices. Nueve meses más tarde, en el Hospital YPF en Vespucio, nace mi hermano a quien lo nombraron Raimundo Dino pero lo llamaban "Chacho". Él lleva los nombres de mi nuevo papá y de mi mamá. De esto, yo me preguntaba: ¿por qué a mí me pusieron solo los nombres de mi padre biológico? Y a mi hermano le pusieron los nombres tanto de mi mamá como de su papá. Es mucho mejor no haber tenido respuestas, mejor dicho, tampoco hubo preguntas.

Al tiempo, mis papás alquilaron una casita en Tartagal al lado de la casa de Don Adam, pero ambas en el mismo terreno, y allí nos fuimos a vivir los cuatro.

Mi hermano y yo, que no llegábamos a los 4 ni a los 5 años, respectivamente, juntos íbamos al jardín de infantes, él como oyente y yo como alumno. La escuela pública provincial quedaba a dos cuadras, así que en poco tiempo me grabé el camino. Recuerdo que algunas tardes -a media jornada- teníamos que regresar a casa desde el jardín de infantes, dado que mi hermano se orinaba en la escuela. Volvíamos a casa tomados de las manos, como nos había enseñado mamá.

Son pocas cosas las que guardo en mi memoria como el jeep de Don Adam, el sonido que hacía cuando él le daba arranque con una manija y lo ponía en marcha. Poca chapa y mucha lona, era fabuloso, con larga palanca al piso y sin puertas, es decir, con medias puertas.

Sobre mi padre biológico, solo sé que al pasar muchos años, mi madre volvió a Orán a diligenciar unos papeles, y por sus insinuaciones pareciera ser que allí, ella lo vio. Pero, para contarme lo que había vivido, demoró bastante tiempo en decírmelo porque ella dudaba si sería bueno o malo para mí. Una vez que se decidió me llamó al trabajo y me dijo que la visitara para cenar y de paso contarme una vivencia que tuvo. Ambos nos encontrábamos en la ciudad de Salta, yo era gerente en el ente regulador. Ella no sabía cómo encarar la conversación, yo me daba cuenta de las trabas que tenía para decirme en detalles a quién había visto en Orán. Pero más bien el problema no era a quien había visto sino cómo lo había visto. Yo comenzaba a sentir un frío sudor por mi cuerpo. Mis ojos buscaban mirar lejos, mis labios cerraban y apretaban mi boca. Y desde esa noche, me quiebra el alma y estallan en mi mente las palabras que me dijo mi madre: "Yo vi a tu padre pero él no me vio, yo lo seguí por varias cuadras, lo vi caminar, lo vi pararse, lo vi sentarse y descansar, no hablé con él, no tenía el valor de arrimarme, pensaba en nada, solo vi que pedía limosna a la gente, era un linyera y finalmente hasta lo vi comprar y comer una comida; yo estaba petrificada -me dijo-, se me cruzaron pasajes de aquellos días cuando vos eras un bebé".

CAPÍTULO 3

FELICES DE ECHAR RAÍCES

Después de un largo tiempo nos mudamos al Barrio San Roque -en el mismo Tartagal- pero eso sí, a nuestra casa. Mi papá compro un terreno de 10 metros x 30 metros, y se ubicaba en el medio de dos terrenos baldíos llenos de plantas silvestres como el tártago, hediondilla, afata, paraísos, chinita, pocote, tusca, palán palán y santa lucía. Y recuerdo muy bien que con la agüita de la "santa lucía" me curaban del mal de ojo.

<u>Presencié la construcción de nuestra casita de madera:</u>

Conocí el lugar cuando fuimos un día muy temprano a la mañana para ayudar a construir la casa. Efectivamente, muy cerca están los aserraderos de madera y papá compró 12 parantes, 17 tirantes, todos de palo blanco que es una madera muy dura. También compró: tres carradas de madera cortada en "media caña" para cerramientos -de cedro-, clavos y bulones de gran tamaño para retener la estructura y las paredes. Eso sí, las chapas eran de zinc Nº 24, las de mayor espesor, para que duren toda una vida como decía mi papá.

En un día entero mi papá junto a un ahijado de mi mamá que se llamaba Ángel y con la pequeña ayuda de nosotros, chicos todavía, terminamos gran parte de la casa, aunque todavía piso de tierra. Cuatro piezas: dos de 4x4 y dos de 4x2. Allí pusimos los espaldares y los elásticos de las camas y las armamos. Algunas con colchones con resortes y otras camas con colchones sin resortes, es decir con solamente lana, cosa que no importaba para nada la diferencia. La mesa redonda, las sillas, los banquitos, el armario. El lugar para hacer el fuego lo elegimos afuera al aire libre porque no había lugar techado para esto.

Todavía puedo percibir las letras y los números escritos en las chapas del techo de mi casa, que en las noches mirábamos y leíamos con la poca luz de un mechero. Chapas onduladas con letras y números azules. Yo leía "zinc 24" y no sabía su significado. Y cuando las noches eran muy frescas, las chapas condensaban el aire caliente de nuestros cuerpos, lo que hacía que cayeran pequeñas gotas de agua sobre nuestras caras y sobre las frazadas. Esto también lo tomábamos como natural y nos divertíamos esquivándolas hasta que nos dormíamos del todo, unos tapados hasta la cabeza y otros sin darle importancia a las gotitas.

<u>Disfruté de la acequia por la vereda:</u>

Un detalle que me llamó mucho la atención, pero que en ése momento no percibía la utilidad, fue la acequia con agua limpia que pasaba frente de mi casa por la vereda. Allí tuvimos que poner varios pedazos de tirantes y maderas clavadas para armar un puentecito y así transitar desde y hacia nuestra casita. En el pueblo no había muchas acequias por las veredas, solo que el terreno que compró mi papá, antes era parte de una extensa quinta frutal. Recuerdo que yo salía de mi casa y parado en el puentecito de la acequia, tenía el norte a mi frente, algunas casas en la vereda del frente y por detrás de ellas el cementerio. A mi izquierda -al oeste- las lomas de la sierra, la vía del ferrocarril, y desde allí bajaba el agua por la zanja. ¡Si nos habremos bañado en la acequia! Irritados los ojos, resfriados, y recibir retos o regaños de nuestra madre por dejar los calzoncillos marrones del agua removida. Y para que el agua de la acequia entrara al lote baldío y por lo tanto disponerla en el fondo de mi casa, hicimos un desvío con pico y pala.

Don Jaime vivía a la par del cementerio y al frente de

la vía. Su hija Fanny era mi amiga y en las siestas, nos pasábamos horas conversando arriba de una palta. A veces, su hermana Mabel nos acompañaba. Los tres -desde arriba-, divisábamos los techos de las casas y las lejanías del lugar. Yo usaba pantalones cortos y las chicas también o algo parecido. Éramos chicos.

Aprendí a hacer adobes:

Al poco tiempo mi papá con ayuda de su hermano, un tío llamado Pedro, elaboró adobes de barro y pasto para armar una cocina separada a unos metros de la casa de madera. El techo de la cocina era de chapas de cartón alquitranado, que costaban mucho menos que las chapas de metal. Algo ilógico para una cocina pero así se dieron las cosas.

La curiosidad me llevó a que mi padre me enseñara a hacer unos cuantos adobes. Y para esto, primero hay que hacer el molde rectangular de madera y con manijas para levantarlo. Luego preparar el barro hecho con arcilla, agua y pasto seco. Se rellena el molde, se deja orear y luego se lo levanta quedando el adobe perfecto. Eso sí, antes de rellenar había que mojar el molde. Todo esto aprendí e hice adobes.

¡Qué alegría recibir cartas!:

Todavía no estaba totalmente abierta la calle donde vivíamos, por lo que caminábamos por una senda bordeada de yuyos para salir y venir a la casa. Nuestro domicilio era Pasaje tanto… -primera cuadra- Barrio San Roque en Tartagal, cerca del cementerio y a una cuadra de la vía del ferrocarril, yo acotaba. Este detalle, el del domicilio bien puesto, era importante para recibir cartas y enviar correspondencias para mis abuelos, mis padrinos, para los concursos como la Campagnola que se publicaban en el Billiken. En esos tiempos escribí muchas cartas las que llevaba al correo cuando sobraban unas monedas. Y después, a esperar esperanzados una respuesta escrita que nos traiga el cartero. Yo armé la "casita de Tucumán" que una vez trajo el Billiken, la llevé a mi colegio y la conservé mucho tiempo.

Mi madre me dictaba la redacción y yo escribía cartas

a mi abuela de Tucumán, a mis padrinos de Salta. Pero la primera vez que yo tomé la iniciativa para escribir una carta me enfrenté a una serie de cuestionamientos. Por ejemplo: ¿qué se pone arriba?, ¿dónde va la fecha?, ¿a quién la dirijo?, cómo me presento?, ¿qué le cuento o digo?, y ¿cómo me despido? Cómo escribir un sobre me fue fácil porque me lo dijo mi mamá. Y así con mi madre a la par, hice mi primera carta. Lo mejor era recibir respuesta. La llegada del cartero me daba mucha alegría. Y si yo veía al cartero cerca de la casa, me arrimaba y le preguntaba ¿tiene carta para mí? Entonces el cartero buscaba y me daba una respuesta.

<u>Nada mejor que ir a la esquina del grifo público:</u>

El agua para tomar y cocinar la traíamos en un tanque de 200 litros desde el grifo público que quedaba a dos cuadras de la casa -en la esquina de Rivadavia y Necochea-. El tacho se llenaba con una manguera corta y se le enroscaba la tapa. Todos los tachos que tuvimos eran descartados en el trabajo de mi padre y nosotros le dábamos utilidad, como lo hacían otros vecinos también. Al tacho lo empujábamos al suelo para poder traerlo rodando mientras jugábamos por el trayecto. Eso sí, una vez el tanque entraba en la casa, nosotros chicos no lo podíamos parar para que quede la tapa hacia arriba y sacar el agua con una manguera corta. Por lo que, con el tanque acostado abríamos la tapa -que ya se situaba al costado- e íbamos descargándolo en otros tachos más chicos hasta que se ponía liviano. Después lo levantábamos inclinado -entre dos o tres- y extraíamos el resto del agua.

La zona que rodeaba al grifo público estaba en permanente humedad con mucha agua y barro putrefacto de color verdoso, grisáceo, azulado y negruzco. Recuerdo que este barro era el más accesible para jugar al carnaval. Normalmente los varones embarrábamos a las chicas con este barro que seguramente les daba mucho trabajo para sacarse el olor impregnado "olor a podrido". La hora de la siesta era la hora propicia para jugar al carnaval alrededor del grifo.

En otros días y en esa misma esquina, la del grifo

público de agua, una de las más concurridas del barrio, apenas caía la tarde nos juntábamos chicas y chicos para jugar. Lo habitual era jugar armando la ronda tomados de las manos, cantando, acercándonos, mirándonos, sonriéndonos, saltando, corriendo, y hasta nos dábamos tiempo de jugar a la "payana" con pequeñas piedras sobre el mismo suelo. Cantábamos desde el "arroz con leche" hasta "mambrú se fue a la guerra" pasando por varios cánticos clásicos. Por supuesto que desde allí, directo a bañarnos y a la cama. A veces nos esperaba una merienda cena.

<u>Teníamos las energías de las velas, de la leña, del aserrín y del kerosene:</u>

En mi casa tampoco había electricidad. Nos iluminábamos con mecheros construidos con un frasco de vidrio, un pedazo de camiseta malla de algodón y que usábamos como mecha, y como combustible el kerosene. Las mechas siempre provenían de las camisetas viejas de mi padre. También compramos una cocina que funcionaba con el mismo carburante, la cual había que bombearla para producir gas y poder mantener la llama. Ente los mecheros y las velas blancas largas pasábamos parte de las noches. Desde muy chico sé lo que significa quemarse las manos con el cebo de las velas. Nunca se produjo un incendio, por suerte, pero sí, quemábamos las mesas por descuido. Poco tiempo después compramos una lámpara metálica -también a kerosene-, muy bonita y a la cual se le ponía una bombilla llamada "camisa" la que iluminaba de manera potente. Una cubierta de vidrio protegía la camisa. Y el sistema siempre el mismo, había que bombear para gasifica el combustible. Y si recuerdo bien, la marca era "Petromax".

La leña para el fuego nos la traían amigos aborígenes, sea del monte, sea de los aserraderos, y en todos los casos debíamos hacharla para ponerla al fuego. Yo hachaba la leña, y me sentía bien haciéndolo. Me gustaba revolear el hacha con mis brazos. También nos traían aserrín de madera para quemar y aquí la mayor obra casera que ví hacer a mi padre.

Dentro de una lata de grasa de 20 kilos, vacía y sin las

tapas, compactábamos el aserrín a golpes alrededor de un palo largo de sección circular de aproximadamente 10 centímetros de diámetro, que sosteníamos en la parte central del tarro. Luego, cuidadosamente sacábamos el palo y quedaba un macizo de aserrín con un agujero a lo largo del tarro. Finalmente y sobre 3 piedras, espaciados entre sí, poníamos la cocina artesanal y prendíamos fuego desde abajo. El agujero hacía de chimenea y teníamos fuego puro, o sea de muy buena combustión, durante casi 14 horas. Luego, poníamos una improvisada parrilla en la parte superior y así poner el recipiente para hacer mate cocido o la olla para hacer comida. La mayoría de las veces, al mate cocido lo hacíamos en una lata vacía de leche Nido y con un alambre de manija. Papá era quien armaba este tipo de vajilla. Cuando no se encontraba mi padre, yo hacía el compacto de aserrín y prendía el fuego, hacía el mate cocido y les servía a mis hermanos en la mesa con rico pan casero o francés. Mi hermano me ayudaba en ocasiones.

<u>Yo mirando a otros aprendí a construir mis juguetes:</u>

Nuestra diversión se centraba en los juguetes que uno mismo construía como el teléfono de hilo con tarritos de salsa de tomate; las cometas o barriletes armados con papel seda, caña y engrudo; los camioncitos de madera con ruedas armadas con latas de picadillo; o los trompos que el carpintero los torneaba como a uno le gustaba, cucarro o sedita, pero eso sí, el hilo para lanzar los trompos era el hilo de albañil. Pero nada de estos juguetes caseros hubiéramos construidos si no fuera por el impulso que mi madre nos daba. Ella nos contaba que cuando era niña, sus hermanos también fabricaban juguetes caseros, que no son difíciles de armar o fabricar, y hasta nos daba las monedas para comprar los elementos necesarios y armar nuestros propios juguetes. Yo -como el mayor de la casa- construía mis juguetes y les enseñaba a mis hermanos a hacer los suyos. Y tal vez por estas vivencias es que yo esperaba el mes de agosto -tan catalogado por la gente como el mes de las catástrofes-, para remontar mi cometa hecha por mis manos. El entusiasmo -un poco competitivo-, se centraba en que yo podía enviar mensajes escritos sobre un anillo de papel y con mis sueños imaginarios. El mensaje viajaba montado sobre el hilo del barrilete, pero la técnica para que el mensaje se deslice y se eleve, era tironear rápido el hilo y luego dejarlo descansar. Y así repetidamente. Lo bueno era hacer llegar el mensaje hasta toparse con la cometa, es decir, llegar a lo que llamábamos "el tiro". Un lugar acampado y sin obstáculos nos congregaba -a chicos del barrio- para disfrutar del viento y de las alturas, más que rivalizar.

<u>Mi padrino de confirmación es aborigen:</u>

Teníamos muchos amigos aborígenes, unos que nos hacían changas con la leña, otros con el agua, y alguna "cuñita" nos lavaba la ropa. La ropa la llevaba la "cuñita" pero siempre había que ir a traerla desde su casita. No sabíamos su nombre, solo le decíamos "cuñita". Ella vivía arriba en la loma al costado del polígono de tiros del ejército. Ir a traer la ropa era aburrido porque a veces la "cuñita" no la había lavado e íbamos al vicio. Nos distraíamos un poco llevando la onda para tirarle a los cuis o a las palomas bumbunas. Nosotros les decíamos cois, no cuis.

La mayoría de los aborígenes vivían en las lomas al noroeste de Tartagal. Unos, muy pocos, vivían en casas construidas con maderas como la nuestra. Las casas de los aborígenes -allí en las lomas-, estaban hechas mayormente de maderas de poco espesor como las llamadas "chalas o terciadas". Muy cerca nuestro vivían unos amigos aborígenes con quienes nos comunicábamos de manera frecuente por los fondos de nuestras casas. Uno se llamaba Jorge y el otro Hugo, sus hermanas Fotunata, Bendita y Nicolasa. El papá de ellos también se llamaba Jorge. La casa de ellos estaba bien hecha con madera, así como la nuestra. Bendita era la amiga preferida de mi hermano Chacho.

Jorge -hijo- me contó que ellos anteriormente vivían en un lugar llamado Río Pescado, que queda entrando por Orán al oeste y lindando con Bolivia. Conversábamos mucho sobre sus costumbres, cómo vivían, cómo pescaban en el río y cazaban animales del monte para comer. Y que ahora vivían aquí en Tartagal porque su padre -Don Jorge- había entrado a trabajar en YPF. Vecinos muy buenos, de corazón abierto. Los varones nos juntábamos para ir a divertirnos viendo películas en el cine los domingos a la tarde, horario de la matinée. El único cine quedaba frente de la plaza a cinco cuadras de nuestras casas, siendo este recorrido el más alegre y divertido porque íbamos riéndonos y hablando de los pasajes de las películas que ya habíamos visto el domingo pasado, e imaginándonos escenas de las que estaban en cartelera para este domingo. Se pasaban dos películas y en el intermedio o intervalo prendían las luces y recién allí mirábamos a quienes también habían venido a la matinée. Y al comienzo de la segunda parte, en la pantalla grande difundían las noticias principalmente de Buenos Aires, y allí veíamos manifestaciones públicas y algún pedacito de un partido de fútbol con algún gol. Si la película era de terror, yo escondía mi cabeza detrás de la butaca frente a mí.

La familia de Don Jorge, a veces, nos invitaba a comer y mi madre nos decía: vayan tranquilos que son amigos y son creyentes -eran de religión evangelista-. Para el almuerzo, ellos se disponían -casi todos- parados alrededor de una mesa larga y sólo se sentaban las mujeres de mayoría de edad. A mí, en particular, me causaban rechazo las comidas que servían, pues yo solo hice algunos bocados con mucho pan, y también mis hermanos. Allí conocí y aprendí que se podían comer el bofe, la pata, el hígado, el corazón, las tripas y los riñones. Todo de la vaca. La carne o menudencias se acompañaban con una harina seca -quizás de yuca-, con mote, chuño y una salsa para mojar el bocado.

La amistad que había con esta familia aborigen se fue profundizando, principalmente entre nuestros padres, hasta el punto que mucho más adelante mi madre le pidió a Don Jorge que fuera mi Padrino de Confirmación, él evangelista o protestante y nosotros católicos. Y es más, yo asistía al Colegio San Francisco de Asís, y mi Confirmación se realizó en la Capilla La Purísima de la misma congregación, con Don Jorge como mi Padrino. Nunca supe por qué mi madre me entregó a Don Jorge como ahijado, siendo que yo tenía tíos allí mismo en Tartagal.

<u>Mi padre me enseñó a sembrar la tierra:</u>

Algo muy importante para mí y que me enseñó muchas cosas, ha sido "el sembrado" es decir, el trabajo con la tierra. Teníamos una huerta en el lote vecino que se encontraba desocupado. Mi padre nos invitaba a trabajar la tierra, a sembrar almácigos en la misma tierra, trasplantar, regar y cosechar los frutos. Al terreno, yo no lo veía como un lote de 10 metros x 30 metros, sino que para mí era un inmenso espacio en donde soltábamos pequeñitas semillas de varios tipos de verduras y hortalizas que las comprábamos en paquetitos, y que al poco tiempo podíamos ver con nuestros ojos las maravillas que Dios nos regalaba.

Mi deleite era disfrutar -un tiempo antes del almuerzo- con unas hojas de lechuga y cebolla verde, ajo picado, todo entre dos rodajas de pan casero untados en sal y aceite. Una maravilla que mi paladar todavía saborea. Y es tan extraordinario el poder de la tierra sobre las semillas que mi padre -para aprovechar todo el terreno- en la parte del fondo en donde no se había sembrado ni trasplantado todavía, tiraba algunas semillas de maíz y zapallo, que entrelazados crecían y nos regalaban sus frutos. Todo era para uso de la casa salvo un poco que le dábamos a una tía que vivía cerca.

Mi padre sabía de los tiempos estacionales y cuándo se debía sembrar una cosa u otra. A mí, me gustaba ir al sembrado después de levantarme en las mañanas, me encantaban las sorpresas que la tierra y las plantas me daban, su crecimiento día a día, sus colores, y así hasta cortar hoja por hoja la acelga o sacar la zanahoria y los rabanitos de bajo de la tierra.

Nunca pude comer una zanahoria cruda, ni mucho menos tomar un huevo recién hueveado por una gallina, como lo hacía mi hermano. Él sentía cacarear una gallina y corría a agarrar el huevo de sobre la cama o del nido. Luego le rompía la punta y así calentito se lo tomaba entero: clara y yema, todo junto y de un solo trago. Mi madre, con las alabanzas hacia mi hermano por la hazaña de tomarse un huevo crudo y calentito, lo hacía sentir un triunfante, un capo, un exitoso. Y esto se repetía casi todas las mañanas.

<u>Gocé de entretenimientos de excelencia:</u>

Mi papá Raimundo y su hermano Pedro, o sea mi tío, tenían una manera particular para hacernos divertir. Y a lo particular -yo me refiero-, por el léxico que ellos manejaban y además por los gestos naturales que hacían y que resultaban muy cómicos. Por ejemplo, nos contaban cuentos muy graciosos del personaje hispano-chileno Pedro Urdemales -que mi padre lo llamaba Pedro Ordimán-. Los cuentos que más nos contaban, en repetidas oportunidades, eran el de "los chanchos" y el del "árbol de la plata".

A mi papá -entre otros juegos-, también le gustaba hacernos boxear y su mejor idea fue que los Reyes Magos nos trajeran "guantes de boxeo de muchas onzas", es decir, los más grandes para aficionados. Los Reyes nos trajeron dos pares de guantes color rojo. Y ése mismo 6 de Enero a la siesta después de almorzar, preparamos el ring o cuadrilátero, con sogas atadas a un paraíso y sostenida por la mesa de la batea y otros troncos. Todo era alegría, alboroto, saltábamos gritando y anunciando las peleas. Mi papá y mi tío nos dijeron las reglas, como sólo pegarse con los guantes, no cabecearse, pelear unos minutos y descansar, y desde ahí en adelante quedaba solo la destreza de cada uno para no dejarse pegar y buscar ganar la pelea. Mi madre, en un desacuerdo implícito no intervenía, pero se le notaba su disconformidad. Y de verdad los guantes le calzaban a mi hermano Chacho "el negro" y a mí, por lo que recién ahora sospecho que mi padre se encargó de regalarnos esos chiches para que "su hijito, Chacho" demuestre sus cualidades dándome una paliza. Yo en cambio pensaba de manera ingenua que esto sería una experiencia nueva y que serviría para divertirnos un rato, durante todo el tiempo que duren los guantes. No hubo juguetes para nosotros los más grandes, sino guantes. Y una vez en la pelea, yo veía a mi hermano muy serio y saltando de aquí para allá con la guardia muy cerrada y protegiéndose el rostro. Él me miraba a través del espacio que quedaba entre los guantes. Si hasta nos sacamos hasta las remeras, copiando tal cual lo veíamos en el cine. Yo no sé ni recuerdo como era mi postura para boxear. Sólo sé que de entre los cruces salió mi brazo con mi puño cerrado directamente al estómago de Chacho e instantáneamente mi hermano cayó al suelo. Yo creía que estaba haciéndose el pícaro, pero al ver que sus ojos despedían pequeñas lágrimas, me asusté. Mis padres lo socorrieron con viento, agua y lo levantaron. Y pasó "una eternidad" hasta que despertó. Yo asustado y con un poco de vergüenza o temor por lo que había sucedido. Entonces, mi madre tenía razón, y su rechazo al boxeo fue tan grande, que a las seis de la tarde de ése mismo 6 de Enero, los guantes se incendiaban con kerosene desapareciendo su color rojo, los cordones y las onzas de lana que guardaban dentro. Mi hermano se ganó el comentario de que era débil en su abdomen y cualquier golpe en esa zona, lo desmayaría. De mí, no se dijo nada, ni alabanzas, ni comentarios. Todo quedó como un accidente.

En cambio mi tío Pedro, tenía simpleza para decir las cosas y para hacerse entender. Con nosotros -los chicos-, pasaba rápidamente de la seriedad a la risa, nos hacía reír, nos gustaba jugar con él. Es el único tío que siempre me dijo cariñosamente "Pepito", los demás me decían "Pepe". En una oportunidad se le ocurrió que hiciéramos un circo. Y nos preguntábamos cómo "¿un circo?". No captábamos su idea hasta que nos dijo: "traigamos una frazada grande, la colgamos del medio desde una rama del paraíso, y ya está". Esta solución era mejor que poner un palo como mástil en el centro de la frazada, para que quede como una carpa. Hicimos eso y fueron sorprendentes las funciones. Resulta que las puntas de la frazada -puesta como una carpa de circo- debían rozar el suelo, luego nosotros a la vuelta de la carpa nos poníamos en cuclillas. Y aquí -la idea genial de mi tío-, así sentados en los talones, agachábamos la cabeza y nos tapábamos parte del cuerpo con la carpa. Dentro del circo quedaban solamente nuestras cabezas y nos mirábamos entre nosotros, nos reíamos y Pedro nos contaba cuentos y hacíamos todo tipo de morisquetas. También hacíamos participar a algunos perritos, los más mansos, y nos reíamos de solo verles la cara. Los cuentos de terror eran más emocionantes a la noche, cuando dentro del circo había una pequeña vela de cebo para alumbrarnos. Nuestras caras y las expresiones de los rostros eran el centro de atención. Cuando Pedro contaba cuentos de terror, yo sentía no solo un poco de miedo sino mucho frío en mi cuerpo desprotegido que estaba fuera de la improvisada carpa de circo. Todo este juego se terminó cuando -nosotros, de tanto movernos por la incomodidad de estar agachado-, sufrimos los embates de la suave llama de la vela que nos quemó un poco el flequillo. Algo inevitable. Del resto se encargó mamá. Fue una hermosa experiencia.

<u>A los gitanos amigos les vendía cobre y bronce para ir al cine:</u>
Con el propósito de ir al cine, aprovechábamos los alambres de cobre y válvulas de bronce -todos desechados por el intenso uso en la explotación petrolera-, que traía mi padre para que los vendiéramos a los gitanos amigos que acampaban cerca, y con esos centavos pagar las entradas del cine los domingos a la tarde -horario de la matinée-. El objetivo era solo ése, es decir, ir al cine, por lo que buscábamos las posibilidades de lograrlo. Mi madre me daba el nombre de la gitana que venía -algunas veces- a mi casa, a leerle las líneas de la mano, para que la busque en las carpas y le oferte los cables y las válvulas. Y por supuesto que muchas veces nos quedamos con las ganas, y nos dedicábamos a hacer otras cosas. Había mucho para distraernos, solo teníamos que pensarlo, imaginarlo y hacerlo.

<u>Aprendí a no discutir de fútbol, religión, ni de política:</u>
Ay Dios, la política en mi casa. Los niños no sabemos sobre política, pero sí aprendemos lo que nuestros padres hacen y dicen. Mis padres discutían mucho sobre política. Hoy me doy cuenta que ellos han perdido mucho tiempo en discutir y enojarse en vez de haber cultivado más el amor entre ellos. Mi padre Raimundo, con toda su sangre impregnada con la palabra como ley y el trabajo como lo más respetable, sufría los sarcasmos de mi madre en cuanto ella le refutaba todo para dejarlo sin argumentos. Mi padre vivía para trabajar y cuidaba su trabajo con mucha responsabilidad. Él trabajaba en YPF y era su honor mayor responder a las tareas que los técnicos y profesionales le

encomendaban. Y sabía que un aumento de sueldo era muy bienvenido para él y para nosotros -su familia-. Y más aún, se lo veía contento cuando contaba que la próxima semana irían más al oeste a perforar en busca del "oro negro" en Acambuco, y así más adelante explotarían el pozo de tres mil metros que queda en Tonono. Todo eso nos contaba papá, y él también sabía -que esos tiempos- el Presidente de la República era Don Arturo Frondizi, quien tenía especial dedicación al desarrollo de la industria petrolera. A éste Presidente apoyaba mi padre. Mientras mi madre, con sus experiencias en los centros vecinales y "unidades básicas peronistas" en Tucumán, le fregoteaba cada dicho que mi padre exponía a tal punto que no solo terminaban un poco enojados sino que nosotros quedábamos algo asustados. Mi madre apoyaba a los peronistas. Con el tiempo supe de las "campañas graciosas" de los peronistas en Tartagal -por no decir otra cosa-, dado que dejaban una zapatilla a las personas con el fin de que lo voten en las elecciones, y si ganaban, pasarían a dejar la otra zapatilla. En aquel tiempo yo no entendía por qué mamá me repetía oportunamente que -cuando sea grande-, no discutas sobre fútbol, ni sobre religión, ni sobre política.

Yo nunca supe qué nivel de estudios había alcanzado mi madre en las escuelas, pero de seguro, no entró a la secundaria. De mi padre sí lo sabía. Él no llegó a tercer grado, pero era muy inteligente, creativo y muy buena persona. ¡Me pregunto!: ¿El nivel de estudios tiene que ver con el ensañamiento de una discusión? ¿A más estudios, será menor la ferocidad puesta en la discusión?

CAPÍTULO 4

Soy el mayor de cinco hermanos, bueno… digamos hermanastros (primera vez que digo esta palabra), y en donde la penúltima es mujer; pero somos seis si cuento a la ahijada de mis padres que fue adoptada por ellos y pasó a ser también mi hermanastra, ella sería la menor de todos.

Yo viví la maravilla de viajar en tren:

Antes de finalizar cada año viajábamos mi madre, mis hermanos y yo -en tren- desde Tartagal (Provincia de Salta) hasta la ciudad de San Miguel de Tucumán (Provincia de Tucumán) a pasar las vacaciones con la abuela, y por supuesto que con mi abuelo y mis tíos también, pero decíamos "con la abuela". Mi padre se quedaba a trabajar un poco más, y viajaba unas semanas después.

El mismo viaje era la aventura más larga que yo personalmente vivía y disfrutaba -en tiempo y en espacio- y la más hermosa que un niño pueda imaginar. Con seguridad mis hermanos también disfrutaban del hermosísimo viaje. El sonido de las ruedas contra los cortes de las vías, nos adormecía con las horas y era como si durmiéramos en brazos de una máquina de madera y acero -por no decir robot-.

Para muchos, como yo, es imposible describir las imágenes del tren de pasajeros cruzando el río Bermejo sobre el puente de ferrocarril más largo de Argentina, y más aún vistas desde las ventanillas del último coche de primera clase. Esta experiencia de mucha adrenalina y dopamina la viví muchas veces. Descubrí que en el último vagón del tren, o sea el vagón de cola, viajaba el Guarda con todas sus cosas. Los coches de primera clase se enganchan pegados antes del vagón de cola. Los últimos coches no sienten tanto los impulsos de la máquina que tira el tren. Por eso los coches de primera clase se enganchan siempre al final del tren. Por supuesto que estoy hablando de la máquina de vapor aquella que se alimentaba con carbón. Las locomotoras diesel llegaron más tarde.

<u>La aventura de comer viajando en tren:</u>

El desayuno y la merienda-cena se preparaba a partir del termo "lumilagro", tan popular y resistente, acompañado con pan casero o humitas horneadas en chala -sin atadura- que parecían un pan chato. La humita no solo tenía choclo rayado sino también un pedazo de "queso chaqueño". Para la hora del almuerzo, que lo hacíamos en los mismos asientos, era común que mi madre nos sorprendiera con alguna comida que -previamente en casa- ya la había preparado, y normalmente eran fritos de rodajas de papa con "queso chaqueño" en el medio y envueltas en una pasta de harina sal y agua. Para nosotros eran las ricas "bombitas de papa con queso". Lo llamativo y saludable era la alegría que mostrábamos por las bombitas hechas por mamá y hasta le decíamos palabras alabanciosas. De verdad la pasábamos hermoso arriba del tren.

En ocasiones cuando faltaba comida para almorzar, mi madre se arriesgaba a comprar "pollo con papas fritas o con arroz" a los vendedores que nos esperaban en las estaciones donde paraba el tren y todo sin bajarse del mismo. La compra se hacía a través de la ventanilla. Pero la gran sorpresa venía cuando ya avanzado el almuerzo, mi madre descubría alguna trampa con la comida. Una vez, mamá dijo: nos engañaron con la comida, no es pollo, es "charata", es decir "pavita del monte". En fin, la comimos igual porque estaba rica, y solo su color más oscuro podría habernos llamado la atención.

Los peligros en el tren:

El viaje duraba un poco más de veinticuatro horas. Los mayores peligros arriba de un convoy son los baños por lo pequeños que son y por los ruidos estruendosos que se sienten y asustan. Desde la misma letrina se podía ver pasar velozmente la tierra de entre las vías, siendo ese punto o lugar en donde se desarrollaba el mayor ruido. Además, estaba el peligro constante de los fuelles que formaban el túnel para pasar de un vagón a otro, o mejor dicho, para pasar de un coche al otro. Y por esto es que mi madre nos acompañaba al baño, al igual que para ir al coche comedor. Nunca compramos alguna cosa en el coche comedor, solo pedíamos agua caliente y agua para beber.

Por mi falta de concentración recibí un castigo:

Una vez, el viaje a Tucumán lo hicimos los primeros días de Octubre y nos quedamos allí hasta mediados de Febrero. Mi madre previó que termináramos el año escolar en San Miguel de Tucumán, por lo que llevaba los pases-escolares y automáticamente continuábamos yendo a clases. Esa vez a mí me tocó ir a un Colegio de Padres Franciscanos, con guardapolvo blanco mientras los alumnos del colegio lo llevaban de color gris. Pero ése no era un problema. El problema era la diferencia de nivel que yo tenía respecto del nivel de los alumnos de mi grado. Lo más crítico es que yo no podía dividir un número cualquiera en otro cualquiera de dos cifras. Por lo que mi madre buscó a sus amistades cercanas a la casa de mi abuela, y le pidió al "Gordito Tata" que me enseñara a dividir. Yo asistí por varios días, hasta que una mañana el "Gordito Tata" vino a la casa de mi abuela a conversar con mi madre. Luego de unos minutos ella me llamó, y me replicó todo lo que le dijo mi "profesor particular", que en síntesis: yo debía poner más atención cuando él me explicaba y que fácilmente me desconcentraba de las explicaciones matemáticas. Yo estaba ruborizado, con vergüenza por no saber dividir, y asustado por la recriminación de mi madre porque ella hablaba en tono alto.

Y de repente, una fuerte cachetada recibí de parte de mi madre y lo peor, delante del "Gordito Tata". Yo, sólo miré al suelo de la vereda y puse mis manos sobre mi caliente cara, sollozando, lagrimeando, mientras mi madre vociferaba sobre mi falta de atención y me hizo volver junto a mi profesor hasta su casa para que me continuara enseñando. De verdad que aprendí a dividir. No sé lo que me había pasado. Yo no tenía conciencia de lo que era dominar una regla matemática. Después de este episodio tampoco, pero al menos aprendí a dividir por dos cifras. Con el correr del tiempo, a éste altibajo de mi vida yo le puse mucho humor y lo contaba diciendo que "después de la intervención de mi madre pude dividir hasta por cuatro cifras".

Vivir un corto tiempo en Tucumán, me permitía tener nuevas y diversas experiencias, desde conocer chicos y chicas, hasta conocer el barrio y jugar en la vereda o en la placita de la esquina muy cerca a la casa de mi abuela.

<u>Indiscutiblemente, ella tuvo una visión:</u>

Entre las ocurrencias diarias de niños y las miles de palabras que uno emite -lo digo por mis hermanos y por mí-, aparecen hechos inéditos que para muchos pasan desapercibidos, pero para la genio de mi madre -genio que todavía me deslumbra-, esos hechos no pasaron como un tren, sino más bien los seleccionó y los guardó silenciosamente para sacarle fruto en la mejor oportunidad.

Hoy, aseguro que mi madre tenía cualidades naturales o innatas -que a mi entender solo ella las tenía- a tal punto que unió mi gusto por los helicópteros con un futuro cercano y posible, al que yo podía alcanzar y disfrutar del mismo de una maravillosa manera, es decir: volando en esa nave.

No todos los gustos de un niño son factibles de inferirse en escenarios felices y futuros, pero sí estoy seguro que la atención que tenía mi madre para sus hijos, era magnífica. Y esto es lo que la caracterizó, el estar atenta a nuestras conversaciones a nuestros gustos, a nuestro vocabulario, a nuestras destrezas, y a nuestras capacidades.

Muchas veces hicimos ronda alrededor del fuego a contar cuentos chistosos y algunos de miedo. La adrenalina conjugaba con el espacio de la nada y oscuro que había detrás de cada uno de nosotros, porque la ronda la hacíamos en el patio al aire libre y con la fogata en el medio de todos. Lo único que nos veíamos nítidamente eran nuestros rostros. Detrás nuestro nada de nada por lo que jamás mirábamos a nuestras espaldas. Y cuando nos levantábamos para ir a orinar antes de ir a la cama, caminábamos de a dos hacia un poco más al fondo de la casa. Sacábamos fuerza y coraje para volver a la realidad y a la vez disfrutando. Yo deduzco que estos momentos -así como muchos otros- alimentaban a mi madre para conocer nuestra forma de hablar, nuestras expresiones, nuestra intuición, nuestras ideas, nuestras maneras de ver las cosas, nuestra manera de ver la vida, y sobre todo nuestras diferencias entre hermanos.

¿Y cuándo -mi madre- encontró esa mejor oportunidad para comenzar a motivarme y proyectarme?

En Campamento Vespucio estaba la Administración de YPF, y por ende el edificio de la Proveeduría y el edificio del Hospital, a los cuales íbamos al menos una vez por semana, sea por mercaderías, sea por consulta médica o estudios médicos. Desde muy pequeño yo acompañaba a mi madre en esos viajes en colectivo. Y forzosamente pasábamos por el hangar de YPF, en donde asentaban, despegaban y se guardaban los helicópteros de todo tipo. Yo los miraba y me gustaban sus colores, sus formas de burbujas con una cola empinada, el giro de sus hélices que se entrecruzaban dejando una estela en el aire, si hasta podía verme a mí mismo manejando uno de ellos con anteojos oscuros y los oídos tapados. Yo deseaba tener un juguete igual, pero nunca me lo regalaron.

Este estímulo frecuente -el de ver muy de cerca a los coloridos helicópteros-, fue incisivo en mantener mi entusiasmo por estas naves voladoras y que yo pedía insistentemente subir a las mismas. A lo que mi madre muy oportuna me observaba y me decía cada vez que yo sacaba el tema:

-*"Pepito, al helicóptero suben los ingenieros y si vos quieres subir debes*

ser ingeniero.
-¿Vas a ser ingeniero para subir?"

Pero mi madre no se quedó allí sino que promovió otras formas de mantener mi entusiasmo por una vivencia que ni siquiera ella conocía. Todo estaba en manos de su imaginación y de mis fantasías. Solo que su utopía estaba siendo perfeccionada para mostrarme una simple posibilidad de volar en helicóptero -mi nave preferida-. Y aquí es donde yo considero que la magia no nace de la nada, sino que nace por la conjunción de dos energías, congruentes con la misma frecuencia y con los mismos colores o deseos. Esas energías fueron las de mi madre y la mía.

Mi madre, a pesar de ser muy rellenita, más bien gordita, tenía la actitud de mantener su rostro y sus manos en perfecto cuidado, usando cremas, maquillajes, pinturas, esmaltes, alineadores, etc., y que yo mismo iba a comprarlos a la farmacia. Ella anotaba en un papel y me indicaba el camino para ir al centro a comprarle sus cosas. Esta señal, la de ir a comprarle productos de belleza, significaba la inminente llegada de una amiga o de una comadre o de mi tía. Con esto quiero resaltar lo importante que eran sus amigas, sus comadres, y mi tía, a tal punto que les confiaba su rostro para que la dejen más linda, más fresca, más brillante y más bella. Y no solo se maquillaban sino que además se enseñaban algunas técnicas para pintarse y de paso "estar a la moda". Y así, mamá creaba el ambiente propicio para llevar a cabo conversaciones de la vida de cada una, y por supuesto, que no podía faltar en la plática alguna referencia a mis hermanos y a mí.

¿Por qué cuento esto?, porque cada vez que estas personas visitaban mi casa, yo me ponía en alerta porque mi madre -además de recibirla con alegría- les ofrecía asiento y en algún momento -¡zas!-, sacaba el tema de los helicópteros de YPF.
Mi madre comenzaba diciendo:
-¿Sabes que a Pepito le gustan los helicópteros?
La amiga: ¿sí?; ¡qué lindo!
Mi madre continuaba:
-Y no solo le gustan, sino que además quiere subir y volar en uno de ellos.

-Pero yo le digo que más adelante podrá subir y volar, cuando sea ingeniero, porque para subir y volar en un helicóptero hay que ser ingeniero.

La Amiga, acompañando a mi madre:

-Así es Pepito, seguro que volarás, ¡seguro que serás ingeniero!

Yo respondía:

-¡Sí!, ¡yo quiero subir a un helicóptero y volar, y volar........!

¡Qué hermosos momentos! Si yo pudiera ponerle luces y rayos de colores al ambiente creado por mi madre diría que en ese momento nos envolvía el arco iris más colorido y brillante que se haya visto jamás, el que conjugaba con las miradas, las sonrisas, y con la dulce e inocente aceptación de mi parte para ser -el ser- que mi madre avizoraba.

Esto ocurrió muchas veces en el lugar más acogedor de mi infancia, que fue mi casa. Y por ella también pasaron mis tíos, mis primos, otras comadres, los compadres, los amigos y vecinos, y con el correr del tiempo se instaló en ellos los simples y hermosos anhelos de mi madre.

Parece que mi zapateo de malambo no los convenció:

En otra de las ocasiones, vino a visitarnos el "compadre Benaso, papá de Gerardo" -así le decíamos-, y a quien todos saludábamos. Esas visitas duraban horas y horas. Se conversaba sobre la familia, sobre el tiempo, sobre los trabajos, sobre los acontecimientos familiares, y como corolario de la conversación cayó en tema el gusto que tenía Pepito por el zapateo sobre tablas, el zapateo criollo -el malambo-. Aclaro que las conversaciones se hacían entre grandes, y a lo máximo, nosotros los chicos, solo escuchábamos sin comentar. Mi madre se ocupaba de llamarnos la atención sobre esta advertencia.

Sobre el zapateo, yo ya venía realizando algunas demostraciones a mis padres y hermanos. Yo no sé si zapateaba bien o regular o mal, solo sé que movía las piernas y producía sonido con los tacos y con las plantas de los pies, quizás con alguna armonía y con algunos paisajes vistosos. En este contexto, lo más impactante para mí fue haber visto un letrero o aviso colgado sobre la pared de una asociación cultural ubicada frente a la plaza del pueblo, el que avisaba sobre un concurso de malambo para chicos y grandes. Y por supuesto que yo le conté a mi madre con la idea de que me anotaran para concursar. Y como tenía que suceder, mi mamá me llamó y me pidió que trajera un tablón para que yo zapateara y para que tanto mi padre como su compadre pudieran verme y dar su veredicto sobre mi condición para presentarme al concurso. Pero cómo se imaginan que yo me sentía frente al "compadre Benaso, papá de Gerardo", si él estaba con botas de gaucho con espuelas, bombacha de gaucho, camisa y chaleco bordado, pañuelo al cuello, bigotes gruesos como los de "Martín Fierro", mirada fuerte y regular melena, tal cual vestía siempre. Y sin embargo yo zapateé tras el aliento de mi madre. Me imaginaba levantando tierra por mi repiqueteo, me veía en el escenario del concurso, escuchaba mis estruendosos golpeteos sobre la madera, miraba a mis hermanos serios, a mi madre contenta y signos de aprobación, el compadre mirándome y con los dedos tomándose la quijada pero sin decir nada, hasta que mi padre dijo convencido y reiteradamente que yo no podía concursar porque corría el riesgo de que se quebraran mis piernas de tanto cruzarlas. En realidad, nunca sabré si esta salida de mi padre fue sincera con mis piernas o fue indirectamente sincero conmigo. En síntesis, no me anotaron para el concurso. Sí rescato la audacia de mi madre para hacerme zapatear frente al "compadre Benaso, papá de Gerardo", gaucho de primera cepa.

Mis amados Reyes Magos:

Pero no todo es duro en la infancia, a pesar de los desvíos de mi padre por la bebida y a pesar de los desencuentros entre mi mamá y mi papá, en cuanto hay días maravillosos con amaneceres espectaculares para un niño, como aquella mañana de verano muy temprano -día de reyes magos- cuando sentí la mejor sensación de mi vida al ver lo que me trajeron los reyes. ¡Uhhh, qué bueno!, -exclamé-, me imagino mi cara, mis gestos, mis ojos, mi sonrisa, pero sí recuerdo bien la inmensa alegría que me cortaba la respiración, me arrimé semi agachado mirando los rastros del agua y del pasto que habíamos puesto para los camellos, todo esto estaba un poco desordenado. ¡Realmente estuvieron aquí los Reyes Magos! Entonces me atreví a ver bien de cerca dónde se encontraban mis zapatos. Y de verdad, mis zapatos estaban debajo de una bicicleta color verde con una chapita abrochada en el caño, arriba de la horquilla, que decía "Victorina", ése regalo era para mí, no lo podía creer, solo la tocaba. Luego, al comedor donde estaban los regalos, vinieron mis hermanos y también asombrados localizaron sus regalos. Pero, fueron instantes, en el que todos nos mirábamos y de seguro la misma pregunta: "¿la bicicleta es para vos?, ¡qué bueno!". Todo estaba claro para mis hermanos, pero yo esperé unos minutos hasta que se levantó mamá y ella fue quien con dulzura nos dijo: "ohhh miren, vinieron los Reyes Magos" ¡qué lindo! Mientras le preguntaba a mis hermanos por sus regalos, a la vez que ellos decían: "a Pepe le trajeron una bicicleta, y es muy grande". Entonces yo me atreví a tomar "mi bicicleta" y hacerla rodar por el patio sin animarme a subirla. "Victorina" era rodado 28, muy grande para mí, con inflador adosado al caño inclinado que va desde el manubrio hasta la estrella donde giran los pedales. La vi bien, y tenía un caño horizontal, siendo en ése momento que comprobé que la bicicleta era para varón. Ése caño no está en las bicicletas para mujeres. Al poco tiempo yo aprendía a pedalear entre los caños, porque no me daba la altura para subirla sobre el asiento y a la vez pedalear.

<u>Yo las rompía y ellos las arreglaban:</u>

Mucho tiempo disfruté de mi bicicleta, y a decir verdad, yo andaba a mucha velocidad y como las calles del barrio tenían sanjas y serruchos por el agua de las lluvias, indefectiblemente "Victorina" no me aguantó y se rompió justo en los dos caños que llegan a la horquilla delantera. Más bien se descogotaron junto a la horquilla. Posteriormente rompí otra bicicleta - la de mi hermano- justo en los dos caños. Por lo que yo saqué mis conclusiones y le expliqué a mis padres: "las calles me rompieron las bicicletas". Esta acción de mi madre, de regalarme la bicicleta, fue el elixir que me elevó la autoestima y que en realidad la necesitaba, dado que no solo la felicidad visitaba mi casa sino también malos momentos, que yo en particular los sufría y bastante quizás, -por ser el mayor-. Un ingrediente que aportaron las bicicletas que había en mi casa -tanto la de mi padre como la de mi hermano y la mía-, fue que los diferentes mecanismos que tiene una bicicleta despertaban mi curiosidad, y cuando había que arreglarlas -por algún motivo- yo observaba atentamente cómo mi papá y mi hermano menor solucionaban los problemas. Yo por mi parte aportaba con preguntas y observación, no sentía gusto por engrasarme las manos como ellos. Sí me sacaba las dudas con las respuestas de mi padre Raimundo. Él ya me conocía. En cambio mi hermano Chaco, se engrasaba las manos a la par de mi padre.

<u>En mis comienzos también hubo desazón:</u>

En estos tiempos comienzan a manifestarse los mejores aportes de mi madre a mi vida. Yo, -en muchos aspectos- ya había fracasado en la escuela primaria. Me quedé de grado en el "primer superior" -lo que hoy sería el segundo grado-, y también tuve un traspié en Tucumán con las divisiones por dos cifras. No debo olvidar que durante mi escolaridad primaria mi madre estuvo muy enferma en reiteradas ocasiones. Esta falta de apoyo personal se notó en mi rendimiento.

Yo estaba terminando la escuela primaria en el Colegio San Francisco de Tartagal con sexto grado, cuando de repente la señorita maestra nos preguntó sobre nuestro futuro, qué haríamos, qué estudiaríamos, y así. Yo respondí que iría a la Escuela Técnica Vespucio -tema que con mi madre ya lo habíamos conversado-, porque quería estudiar para ser ingeniero -me gustan los helicópteros, dije-. Yo ya lo tenía instalado pero me puse incómodo por lo que había dicho, no tenía ni idea de lo que hablaba. Todos me miraron y algunos de mis compañeros -los más atorrantes-, se rieron de mí, entre ellos un gordito llamado Eduardo quien se destacaba mucho en las clases. Eduardo dijo que quería ser médico. Otros de mis compañeros dijeron que iban a dedicarse a trabajar junto a sus padres. A la salida del Colegio, de ese mismo día, Eduardo se me arrima y me confiesa que su hermano estaba yendo a esa Escuela Técnica Vespucio, y que para mí sería difícil concurrir a dicha Escuela dado que debía comprar un juego de compás especial de 36 piezas y que solamente lo vendían en Bolivia y a precio inalcanzable para mis posibilidades. Y como yo era pobre, no podría comprarlo. Sólo lo escuché, pero de verdad, dentro de mí comenzó a encenderse una desesperanza.

<u>Dios me cuidaba y me envió un ángel:</u>
Cierto día, un día muy importante en mi vida, mamá planea llevarme a la Escuela Técnica Vespucio que quedaba en el mismo Campamento Vespucio. Escuela que fue creada por la Facultad de Ciencias Naturales de la Universidad Nacional de Tucumán, y que fuera solventada económicamente por YPF. Desde allí -la Empresa YPF y la Empresa Gas del Estado-, se abastecían de Técnicos Mecánicos Electricistas. Recuerdo que pasamos por el hangar de los helicópteros, miramos las naves y no dijimos nada. Solamente un gesto de sonrisas hicimos los dos, como si fuéramos cómplices de nuestros destinos.

Allí, una vez en la Escuela, mamá pidió hablar con el Sr. Director el Profesor Ismael Córdoba, eran aproximadamente las 17:30 hs, había muchos alumnos en la galería y en los patios. Yo observé un alto mástil que centraba el patio de entrada y se imponía frente a las verdes lomas del paisaje. Luego, el Sr. Director nos recibe cortésmente en la puerta de la Dirección y nos disponemos a conversar de parados como quien dice al pasar. El Director, un Señor medianamente alto, delgado, de anteojos con mucho aumento y que apenas mostraba sus ojos claros, cabello canoso y de tez clara, como un personaje de película norteamericana. Así tal cual hasta hoy lo recuerdo como una marca que llevo grabada, con esa voz firme más bien gruesa, y más con la impresión de tenerlo hablando frente a mí, yo con mis 1,15 metros de estatura y él con sus aproximados 1,85 metros.
-Mi madre dice: Sr. Director, quiero saber si hay posibilidad de inscribir a mi hijo en esta Escuela.

-El Sr. Director replica: ¿Y porque quiere estudiar aquí?

-Mi madre: A mi hijo le interesa la mecánica y cómo funcionan los helicópteros, esos que vemos a diario cuando venimos a la Proveeduría y al Hospital.

-Yo asustado pensaba: -¡yo no quiero arreglarlos, solo quiero volar¡-.

-Continuó mi madre: Sr. Director, mi hijo -además- quiere ser ingeniero cuando sea grande.

-Yo seguía asustado y en mi pensamiento decía: -uyyy, la embarró mamá-.

-El Director responde: Señora, si hay lugar para inscribir a su hijo. Pase que la pondré en contacto con el Secretario el Sr. Zannier.

-Un poco interrumpiendo, mamá dijo: Sr., ¿es cierto que deberé comprarle a mi hijo un juego de compás de 36 piezas para que pueda estudiar aquí? Porque eso le dijo a mi hijo un compañero de Colegio, quien tiene un hermano que estudia en esta misma Escuela.

-El Director: ¡Sra. Por favor!, solo necesita un juego de compás de calidad para lápiz y para tinta, y de 6 piezas nada más. ¡Mire!, así como este juego, simple. Eso es todo.

-Yo, un poco aliviado del peso que cargaba por los dichos de mi compañero Eduardo, pensé: menos gastos para mis padres. ¡Qué suerte!

-El Sr. Zannier: Buenas tardes. Por favor, pasen por aquí. Nos pide papeles y me inscribe como Alumno de la Escuela Técnica Vespucio.

-Mi madre pide despedirse del Director y le dice: Sr. Director, estoy satisfecha, y si no es molestia desearía que Ud. con su experiencia "le dé un consejo a mi hijo que viene un poco tenso con estos cambios y comentarios".

-El Sr. Director con un tono más amigable, me mira y me dice: "mi consejo es que hay que estudiar todos los días, porque todos los días hay tareas para llevar a la casa. Y además, el tiempo es poco porque también tiene que asistir a taller, y el horario en esta Escuela es de 15 a 22 hs de lunes a viernes, para todos los alumnos desde 1° año y hasta 6° año".

Nos despedimos y nos fuimos despacito caminando hasta la parada del colectivo que nos lleve a la casa en Tartagal, mientras yo todavía estaba en las nubes. Yo pensaba en todo lo que hizo mi mamá para que se concretara mi inscripción como alumno de esa relevante Escuela, pero no solo eso, fue mucho más lo que Dios hizo por mí. ¡Me envió un ángel y ése ángel fue el Sr. Director! Hoy lo puedo contar, ése momento fue el comienzo de mi nueva vida y también de una nueva vida para mi madre.

Ahora, a descansar, fue mucho para el fin de clases en el Colegio San Francisco y fue muchísimo para un nuevo inicio en otra escuela.

<u>¡No lo puedo creer!, sí que podemos transformar nuestras vidas:</u>

Otra vida es la que comenzó para mí. Pasaban los días de verano y comenzaron mis clases. Primer día, segundo, tercero, y así, hasta que sucedió algo notable en mi mente, y considero que ésa fue la idea más trascendente que me sirvió para organizar todo mi futuro. Yo desayunaba el primer sábado desde el inicio de clases, y conversaba con mi mamá. Ahora, los dos con proyectos -seguramente-, pero yo todavía impactado y quizás con un poco de susto. Y ahí fue que le dije: Mamá, ya tengo los horarios de cada materia, los horarios de taller, los horarios del ómnibus, la forma en que se dictarán las materias y los tiempos de exámenes, -con pruebas escritas cada tantas semanas, exámenes parciales eliminatorios un Julio y en Diciembre, y exámenes finales orales-; por lo que creo que sería conveniente que yo me levantara todos los días a las 08:45 hs, desayuno y me pongo a estudiar desde las 09:00 hs hasta las 12:00 hs; para que una vez almorzado salga de casa a las 13:45 hs a tomar el transporte. Luego, a la noche, a las 23:15 hs regreso para tomar o comer algo y de ahí a dormir. ¡¿Te parece bien mamá?! ¡Sí Pepito, eso haremos!, dijo mi madre. Ahhh mamá, que le parece si el sábado a la mañana estudio un poco también, a la tarde voy a jugar a la pelota, y a la noche salgo con mis amigos. Y los domingos como siempre, voy a jugar al fútbol al Club All Boys. ¡¿Le parece mamá?!

Desde ese día, y aunque a todos les parezca extraño o

una fábula, mi madre -así gordita y de vida desordenada como yo la veía-, cambió su vida para siempre. Hoy puedo decir que fue una Bendición de Dios. Así, todos los días mientras yo concurrí a la Escuela Técnica, salvo los domingos, ella me despertaba muy cariñosamente a las 08:45 hs, y en ése instante -como un trabajador responsable-, comenzaba mi rutina. Entre las 12:30 hs y las 12:45 hs yo tenía mi almuerzo servido, y a la noche yo calentaba mi comida o me hacía mate cocido o café para tomar con pan. Es increíble el cambio de mi vida y la de mi mamá, cada acto era una ceremonia, cada gesto con amabilidad y seguridad de lo que estábamos haciendo. Y hoy también puedo decir que mi madre depositó muchísima -por no decir toda- su confianza en mí. Y yo no solo vi sino que sentía el más puro y grande apoyo para hacer lo que un hijo tenía que hacer: "escuchar a sus padres y dejarse llevar por ellos". En particular, "yo escuchaba a mi madre y me dejaba llevar por ella". Para mí siempre fue así -hasta que me hice burro, quise decir hombre- y me fui de Tartagal.

<u>Para disfrutar los fines de semanas ¡tienes que merecerlos!</u>:

Yo tenía muchos amigos, amigos de estudio, amigos de la Escuela, amigos del fútbol, y amigos del Barrio como Julillo y Fiaca. Muchas veces los sábados a la tarde Fiaca y yo salíamos a acompañar a Julillo a repartir o vender sifones con soda, y tratábamos de regresar lo antes posible para irnos luego a la cancha de fútbol situada en la escuela del barrio, muy cerca de nuestras casas, para jugar a la pelota y gastar energías. Se armaban hermosos partidos, los vecinos se arrimaban y apoyados en una tapia baja nos veían jugar, y hasta teníamos algunas peleas entre nosotros los jugadores. Para mí, el mejor medio campo que integré -durante los sábados-, fue con Ramón Sanguino a mi derecha, El Zurdo Zerpa a mi izquierda y yo en el centro. Los tres somos Zurdos. Me encantaba ver a mis compañeros de alas, cómo dominaban la pelota y la manera de mover el cuerpo y los brazos para eliminar marcas y avanzar gambeteando. Esas imágenes que guardo en mi mente son maravillosas, con movimientos danzantes y gestos mágicos de un buen fútbol. Éramos -la mayoría-, adolescentes, aunque también teníamos algunos jugadores mayores que se integraban fácilmente. Me es grato contarles que Celestino -un jugador contrario-, jugaba "pata pila", levantaba su pierna muy alta y me ponía la planta de su pie sobre mi pecho, con el objeto de pararme y no dejarme avanzar. Por esto no se paraba el partido. Solo que al haber tanta rivalidad, todos poníamos todo para ganar. Y Celestino no me agarraba, me venía venir y levantaba su pierna y con "plantazos" intentaba pararme.

Y en general, los sábados a la noche teníamos guitarreadas, en cualquier casa, mejor si era la casa de Don Enrique Yurovich porque nos esperaba con asado. Una vez en el cumpleaños de Doña Segunda -madre de Don Enrique-, prepararon cabeza guateada, asado y empanadas, y esa noche cantamos hasta muy tarde. Fiaca, Julillo y yo formábamos un trío de música folclórica, yo tocaba la guitarra y hacía voz grave, Fiaca tocaba el bombo y hacía la voz fina junto con Julillo que sabía descifrar la armónica. Cantábamos zambas y canciones, como "sapo cancionero, zamba de mi esperanza, la monjita, estoy de vuelta, para ir a buscarte, río bermejo, luna de tartagal, etc; y todas estas canciones como fruto de escuchar los temas interpretados por Los Fronterizos, Los Chalchaleros, Los de Salta, Los Cantores del Alba, Daniel Toro, etc., si hasta llegamos a cantar en una calesita barrial. Teníamos mucho entusiasmo y lo hacíamos muy bien.

Los domingos eran sagrados en cuanto Julillo y yo jugábamos al fútbol en la Liga de Fútbol Amateur de Tartagal. Mi puesto era el de centro-half. Y si relaciono mi vida con el fútbol que yo jugaba, observo que siempre he sido una persona que distribuye ideas, motivación, proyectos, recursos, así como lo hacía en la cancha en el puesto de centro-half. Por supuesto que cuando me hice un poquito más grande, mi tiempo de fin de semana lo distribuía de otra manera, priorizando las relaciones que le daban mucho sentido a mi existencia, como las sentimentales.

Mis hermanos Chacho "el negro" y Tito "pan francés", también jugaban al fútbol. Chacho jugaba adelante pero él esperaba, habilidoso pero no era laburador. En cambio Tito, al ser gordito, quedaba al arco y era muy exitoso, porque a todos los tiros por abajo los atajaba ya que él se tiraba horizontalmente y no pasaba ninguna pelota de gol.

<u>¡Qué buenos han sido los límites que nos pusieron!:</u>

Volviendo a mi vida como estudiante de la secundaria, recuerdo claramente que mis compañeros me trataban muy bien, había apoyo entre nosotros, aunque sea moral. Yo a mis compañeros de curso les prestaba las carpetas de prácticos, todas las semanas. Nunca tuve ningún inconveniente en prestar mis deberes resueltos, y como suele ocurrir, yo integraba también un grupo pequeño más íntimo, formado por Lindor "Nene" Bravo -un caudillo-, Gerardo "Chanchita" López -un ideólogo-, y yo -¿un trabajador?-. Los tres de Tartagal. Y por estar siempre juntos, y sentirnos los más libres del universo -en razón de estar seguro de no hacer daño a nadie y hacer muchas cosas por diversión-, varias veces nos amonestaron con la máxima sanción y a comienzos del primer mes de clases como para aquietarnos el resto del año. Éramos muy inquietos, sanos y con demasiada energía. Nos desbordaba el buen humor y la picardía. Inolvidables ocurrencias y aventuritas que protagonizamos dentro de la Escuela, y también algunas andanzas fuera de ella. Por ejemplo, una vez, el Celador nos sacó del cine porque nos hicimos la yuta para ver una hermosa película. Solo media hora vimos la película. También no debemos dejar de lado que en Vespucio había un solo cine. Y en otra oportunidad, en una pequeña meseta en medio de la ladera de la loma que daba frente a la Escuela, jugábamos al fútbol y nos pasamos de hora, lo que llevó a las Autoridades de la Escuela a asomarse un poco a la canchita y a observarnos fijamente mientras el Celador nos tomada asistencia en pleno campo de juego.

Y así pasaron los días y los meses. Llegó Diciembre y pasé de curso, de primero a segundo año. Mi nueva vida disciplinada y apoyada por mi madre, hizo que yo tomara el timón cada día y sintiera la alegría y satisfacción de caminar seguro hacia el futuro, sin siquiera tener la visión del mismo.

<u>Cuándo uno es chico no evalúa, solo actúa. ¡Qué bueno!:</u>

Para las fiestas de fin de año festejábamos en nuestra casa y como interesante para algún estudio relacionado con la psicología, mis padres y nosotros -una vez dadas las doce a la medianoche-, brindábamos por los presentes y ausentes, -entre otros-, y a los instantes mamá y mi hermano Tito -el tercero- y a quien le decían "pan francés", se abrazaban y lloraban a "moco tendido" por varios y prolongados minutos. Yo recuerdo a conciencia que la primera vez que mi madre me abrazó para saludarme -pasadas las doce de la medianoche de Año Nuevo-, me apretó y asentó su cabeza sobre mi hombro -casi agachada- y se puso a llorar. Y yo sentí como una invitación o fuerza que me envolvía también a llorar, quizás por imitación, pero en ése mismo instante tomé conciencia y contuve a mi madre. Yo pensaba en sus familiares que estaban a la distancia y la acompañé en sus recuerdos, pero no lloré. No le encontré sentido. Y desde entonces, en los años siguientes se abrazaba a llorar con mi hermano Tito, y no conmigo. A mi padre Raimundo lo recuerdo brindando con la copa o vaso a la altura de su boca y el brazo extendido, su sonrisa corta y franca, una alegría profunda de estar con nosotros. Las fiestas de fin de año eran las apropiadas para mi padre en cuanto podía brindar conmigo y con mis hermanos con sidra -bebida alcohólica- que como todas las demás, no mojaban nuestros labios en ningún otro día del año. Una porque éramos chicos y otra porque mi madre nos hizo ver que beber bebidas alcohólicas y fumar, no era bueno. De ahí que tanto mis hermanos y yo, nunca fumábamos y éramos abstemios.

Para las fiestas de fin de año y con el objeto de enfriar las bebidas, mi padre hacía un pozo rectangular de aproximadamente 1,00 metro x 1,50 metro -de lados-, y de un poquito más de 1,00 metro profundidad, ubicado a medio camino entre nuestra casita y el baño, ahí mismo, a un costado entre el paraíso y el durazno. Y desde allí sacábamos las bebidas para las fiestas. Al fondo una capa de aserrín de madera, luego una capa o filas de bebidas. Luego otra capa de aserrín, después bebidas y ahora sí, varias barras de hielo. Y así hasta llenar el pozo cubriéndolo al borde con una capa de aserrín. Las barras de hielo de 1,00 metro de largo y de 10 centímetros x 20 centímetros de sección lateral, yo las traías en carretilla de madera y en medio del sol -ayudado por uno de mis hermanos-, desde la fábrica de hielo que quedaba exactamente a ocho cuadras pasando la plaza.

Cuando me hice adolescente, apenas pasada la medianoche, sea Navidad o Año Nuevo, yo saludaba a mi familia, comía un poco, y corría a la casa de alguna familia amiga para bailar y lo hacíamos hasta el amanecer. Todavía no sé si escapaba de mi casa, o mis utilidades superaban el costo de quedarme con mi familia. Con seguridad, yo visitaba las casas en donde tenía algún interés sentimental. ¡Qué hermosas y bellas noches aquellas! El baile era el medio que yo tenía de aliado para conversar con alguna chica.

¡Y más acciones! Alumno, docente, pequeño emprendedor y motivador:

Así, paso a paso, llegó el comienzo de clases de mi penúltimo curso -el quinto año-, y hasta entonces, mi vida se había teñido de orden, disciplina, muy buena conducta, estudioso, curioso, hombrecito de mucha confianza de mi madre, deportista, cantor y guitarrista principiante, noviecillo de alguna chica, cabecilla -en cierto modo- del grupo formado por mis compañeros de Escuela, también joven docente, pequeño emprendedor y motivador. Pero a decir verdad -en la Escuela-, Lindor era el líder informal.

Yo, aunque sin notarlo, era naturalmente un joven docente. Me daba tiempo para enseñar física y matemáticas a quien me lo pidiera en el barrio y en la Escuela. Normalmente a mi Escuela iban alumnas de otros colegios para que yo les enseñara. No sé por qué, pero alumnos varones nunca me buscaron para que yo les enseñe. Y en esa labor, descubrí que mi interés brotaba cuando le enseñaba a alguna señorita que me gustaba, buscaba hacerme amigo y en otros casos hasta ponerme de novio. Esta rica experiencia sirvió de base para que perdiera el miedo al trato personal con otras personas, a romper el hielo, a buscar herramientas o formas verbales y corporales -en el sentido de las comunicaciones-, para hacerme entender y poder transmitir mis mensajes académicos. Aunque cada persona tiene naturalmente su forma de expresarse verbalmente y corporalmente, es necesario observarse a uno mismo, y si es posible, compararse con alguien. Y a decir verdad, yo me comparaba con los profesores que más me agradaban y cómo me enseñaban en la Escuela, no solo como hablaban sino como se paraban y movían las manos y el cuerpo. También había profesores que llegaban al aula, se sentaban y no se levantaban hasta que terminaba la hora de clase. Otros, se paseaban por todo el curso mientras nos explicaban. Pero yo, lo que más asimilé, fue el poder de síntesis y el manejo de la voz, con las pausas, los altibajos, el silencio, además de manejar mis brazos y mis manos corporalmente. Nunca dejé de transmitir mis conocimientos -y hasta hoy sigo enseñando matemáticas, que es lo que más me gusta-.

Y en lo que respecta a pequeño emprendedor, me refiero a la idea que tuve -y por suerte me fue bien-, cuando en mi casa sentí la carencia de recursos económicos. Un poco nervioso, un poco afligido y un poco enojado por la situación, le planteé a mi madre que utilicemos la heladera familiar para enfriar bebidas y venderlas. Inmediatamente mi mamá estuvo de acuerdo y me dediqué unas horas a constatar al distribuidor que pasaba por la zona. Y así, compramos unos pocos cajones de vino y unas cuantas cervezas. El mismo distribuidor me enseñó a poner los precios a las bebidas. Recuerdo que sobre un simple pedazo de madera escribí "Se Vende Vino y Cerveza", solo eso. Y comenzamos a vender hasta que se vendió todo. Luego, continué de la misma forma una y otra vez. Estudiaba y atendía a los clientes, y eso para nosotros fue una ayuda -aunque haya sido una pizca- y pudimos salir un poco de la crisis. Esta acción también nos permitió ensayar otra forma de ver la vida y que las soluciones estaban al alcance de nuestras manos, por lo que -pensando-, había que buscarlas, imaginarlas, y ponerlas en práctica. Quizás de manera inédita o tal cual lo hacen otros.

Como motivador, merece un capítulo destacado. Resulta que mi hermano Chacho "el negro" zarpó voluntariamente a la Marina Argentina como "aspirante" y lo hizo junto a un ahijado de mi madre, llamado Amado. Amado vivía en la misma cuadra, muy cerca de nuestra casa, y de vez en cuando Chacho se peleaba con él y con su hermano Marcos. Lo más triste es que por la trifulca misma involucraban a las madres en las discusiones. Por suerte, estas broncas eran pasajeras. Pasados unos días, mi hermano ya se hablaba con Amado y con Marcos. Y así, pasaron varios meses hasta que ¡un cierto díaaaaa!, encuentro a mi hermano en la casa y sin previo aviso. Estaban mi madre y mi hermano, los dos muy tristes esperándome. Tanta era la tensión que soportaron que mi hermano lloraba a la vez que me contaba porqué había regresado. Y todo se debió a ¡una maldita pelea entre Amado y mi hermano! ¡Dios mío!, dije. ¡No puede ser! Sí, así fue. Se agarraron a pelear en horas de descanso en un cine militar. Inmediatamente le dieron la baja a los dos. Yo tomé conciencia y si algo más tengo que agradecer a Dios es la cualidad que me otorgó para tratar un problema: "no me bloqueo cuando estoy en aprietos o bajo presión". ¡Pensé qué hay que hacer! Y yo sin conocer a fondo las actividades militares o el régimen de las fuerzas armadas, y dado que mi hermano tenía vocación de ser un "soldado" de las fuerzas, le pregunté: "¿hay otra fuerza además de la marina de guerra?". Mi hermano me respondió: "¡Sí, el ejército!". Ahí nomás le dije: "mañana mismo comienza a averiguar dónde están las oficinas de reclutamiento, las condiciones para ingresar y ponte yá a estudiar para presentarte al ingreso". Y además lo contuve diciéndole: "No es grave una pelea, lo importante es tu vocación, se nota que te apasiona la carrera militar y que un simple error por falta de control de tus desconciertos no puede dejarte afuera de tus sueños. ¡Insiste!. ¡Insiste!". Gracias a Dios, Chacho hizo una hermosa carrera militar en el Ejército, participó activamente en los enfrentamientos con Chile, en la guerrilla tucumana, y en la plataforma continental en el conflicto por Malvinas.

¡Qué emoción! Alcanzar mucho más que el objetivo y disfrutarlo:
Siguiendo con mi querida Escuela Técnica, y después de destacarme en algunos aspectos durante los años del cursado,

como hacer siempre los prácticos y resolver los problemas en casa, tener las carpetas al día, levantar la mano cada vez que un profesor preguntaba "¿quién quiere pasar?, no tenerle miedo al pizarrón ni a pasar al frente, prestar mis carpetas a todo compañero que me las solicitara, así como explicar los procedimientos y las soluciones de los cuestionamientos dados en clase, vino el día inesperado y por ende el más feliz de mi vida. Ése día que mientras me hablaban, en mi mente pasaban las figuras de mi querida madre y la del Director Profesor Ismael Córdoba. Mi madre por haberse elevado al nivel de madre excelente que apoya logísticamente a su hijo que escucha y se deja guiar hacia un futuro prominente. Y a Don Ismael Córdoba, el Director de mi querida Escuela Técnica Vespucio, por ser el primer y único hombre que me enseñó "el camino del estudio" como lo hace un padre y a quien yo escuché como un hijo e hice lo que él me aconsejó. Y llegó lo que nunca busqué, aquello por lo que nunca imaginé, mi esfuerzo diario no buscaba eso, y ni siquiera imaginaba que yo podría ser, y llegaron esas palabras mágicas del Secretario el Sr. Zannier: Venga a la Dirección alumno, el Sr. Director quiere decirle algo. Y allí, en su oficina me dijo: Durante todo el Sexto Año "Ud. será el Abanderado de la Escuela Técnica Vespucio". Juro que se me cayeron las medias. No hay sorpresa más agradable. Y yo solo respondí: Gracias Director. Y así comencé a representar a la Escuela en los Actos Oficiales, junto a Alumnos Abanderados de parte de la comarca y a las Autoridades de YPF. Mi madre, no sé cómo hizo, pero me hizo confeccionar un traje -ambo color marrón-, para que yo vaya bien presentable. Mi madre nunca asistió a los actos en los cuales yo me lucía orgulloso. Ella me lo dijo: "lo importante es que vayas vos y estés bien presentable, yo estoy muy bien aquí en la casa esperándote". Esta seguridad, la de mi madre, y su confianza depositada en mí, daba el marco de nuestra relación. No hacía falta ninguna palabra más.

Aprendí a entender rápidamente las cosas, según la educación de papá y mamá:

No todo lo que brilla es oro, decía mi madre -de vez en

cuando-, en referencia a las apariencias de una persona o una cosa cualquiera. Pero en esta oportunidad yo aplicaré el refrán a mi querida madre. Y me refiero a que ella si bien brillaba por sus retoques de belleza -gracias a las técnicas de maquillaje- en la práctica ¡mamá no sabía cocinar! No solo yo lo sabía sino también mis hermanos, pero principalmente yo. Nosotros rechazábamos varias de las comidas que hacía mamá. Y estamos seguro de que su intención era ¡alimentarnos! Entonces ¿qué hacía ella cuando no queríamos comer su comida? Ella hacía uso de una de sus armas caseras y que normalmente se las fabricaba un vecino llamado Vidal "a quien llamábamos también Satélite porque era muy alto". Vidal -carpintero de profesión- era muy amigo de todos nosotros y varias veces arregló mi guitarra. El armamento de mamá constaba de las varillas recién cortadas de alguna rama, los cintos que guardaba en el ropero, rebenques de palo con un pedazo de cinta gruesa de cuero en la punta, y un hasta un látigo trenzado de cuero. Algunas de estas herramientas hasta se duplicaban. Pero no se crea que mamá tenía su armamento todo junto y al alcance de su mano. No, no era así. Nosotros los más grandes aprendimos que mientras más lejos de mamá estén estas cosas, más tranquilos estaríamos, nos relajábamos más, hacíamos menos caso a sus pedidos, teníamos más seguridad de que no nos pegaría con sus elementos educadores, por lo que poco a poco y sin que ella se diera cuenta, tirábamos sus instrumentos disciplinadores sobre el techo de la casa. Y así pasaban una o dos semanas hasta que ella se daba cuenta y esperaba que viniese algún amigo vecino para que le bajara sus herramientas. Y allí comenzábamos de nuevo a estar más atentos a sus órdenes y es decir, nos portábamos mejor. Teníamos más cuidado y de seguro: "éramos mejores". Es increíble cómo entendíamos sus pedidos u órdenes cuando nos insinuaba utilizar el cinto de cuero, o un palo delgado, o un látigo. ¿Será que éramos hijos del rigor?, ¿O es que también conocíamos los tiempos de tolerancia y lo aprovechábamos hasta el final? Para mí, en ése orden, o sea, ambas cosas. Pero lo más cruel de mi madre era cuando ella se enojaba, tomaba una de sus armas y -siempre, siempre-, comenzaba por mí, luego por mi hermano y así con los tres mayores. Nos castigaba hasta que se cansaba y no hacía falta contarlo, las marcas lo delataban. Mi hermana Betty se salvaba todas las veces, y era porque ella amenazaba a mi madre con contarle a papá de las cosas secretas que mamá cometía. Yo a esas cosas las catalogo de "secretas" porque nunca supe de qué se trataban. Estos episodios mostraban la debilidad de mi madre y que mi hermana sabía muy bien aprovechar. Hoy, pensándolo bien, me respondo que yo no intentaba conocer detalles de esa extorsión por parte de mi hermana porque -instintivamente-, reconocía que eran "cosas de mujeres" a las cuales yo no comprendería; ni mucho menos entender cómo una "laucha" paraba el ataque de una "gata". Mi hermana Betty era única hija "mujer" y como tiene que ser, la más mimada del universo. ¡Perdón!, la más mimada de mi padre. Y ¡Por supuesto!, la más caprichosa. Y como si esto fuera poco, todas las cosas que se compraban para la casa, mis padres -lo dos, papá y mamá-, repetían a coro que lo comprado era para Bettycita. Pareciera que la ley era "los hombres trabajarán y tendrán dinero para comprarse estas cosas y muchas más". Nunca sentí algún resquemor o envidia hacia mi hermana. Mis hermanos y yo -principalmente-, mamábamos este tipo de educación.

¿Puedo decir "las patas cortas de mi madre"?:

Yo hasta hace poco, o sea, ya adulto mayor, criticaba a mi madre por las comidas casi incomibles que hacía -al menos para mí gusto-, por ejemplo cocinaba garbanzos sin pelar, fideos con gorgojos y polenta con bichitos. Algunas veces, también hacía comidas con menudencias que no las limpiaban como corresponden, y tras esas cuestiones, yo no las comía. Desde siempre tuve un olfato de tigre, por lo que apenas me servían un plato, lo olía, y allí comenzaban mis protestas y el enojo de mamá. Ahora mismo, estoy recordando tal cual eran esos momentos en el almuerzo y me pongo mal. No sé si reírme o entristecerme. A esta profundidad de mi vida, yo ya no hago ningún comentario sobre aquella parte de mi vida. Seguramente, mi madre hacía lo que podía, con lo que había, y con los conocimientos de cocinera que ella tenía, para darnos de comer y porque no decir para alimentarnos.

Tampoco comento sobre lo que ahora estoy pensando, y es que, yo no sé si es que nunca había dinero en mi casa porque se malgastaba, o es que nunca alcanzaba. Digo que se derrochaba en cuanto a lo que yo recuerdo -y que yo caractericé livianamente- dado que mamá tenía debilidad o más bien era vulnerable frente a cualquier objeto o cosa que un vendedor oferte al pasar por casa. Es decir, ella compraba al fiado -y creo con cierta aproximación-, que nunca le interesó saber cuánto se debía y cuánto había que pagar cada fin de mes. Conmigo hubo varias discusiones sobre este aspecto, y hasta que llegó un día en el cual tomé las riendas de las cuentas de la casa. Esa última reyerta fue intensa y me puse firme en que yo ordenaría las cuentas y que por favor no incurriera en más cuentas al fiado hasta que se salga de la cuasi permanente crisis. De aquí es que salieron mis ideas de vender bebidas frescas, mientras yo estaba en el secundario. Por supuesto que estuve muy a gusto cuando mi madre me compró al fiado muchos libros: La colección Preceptor, tres tomos de Mecánica del Automóvil, y un súper tomo de Elementos de Máquinas. El vendedor venía desde San Miguel de Tucumán y que en mi vida universitaria lo conocí y se llamaba "Don Manchester". La librería quedaba justo al frente del Rectorado de la UNT.

Podría yo decir que mi madre -una librana justiciera, linda e inteligentísima-, no merece mis calificativos de que "tenía varias patas cortas", como los hechos amorosos que vivió ni mucho menos la falta de amor hacia mi padre y que yo descubrí personalmente cuando era apenas un adolescente. Sí que yo vivía estresado porque presentía que algunas cosas no debían hacerse. Hoy, ya de grande, yo hice lo mismo, es decir, repetí lo aprendido. Siento cosas: un poco de dolor en mi alma -por mi padre-, una ridícula alegría por mi madre, y una pena por no poder cambiar mi soft.

Si bien mis relatos muestran lo más grande que demostró ser mi madre, también considero justo que se sepa que en la vida "no todo es color de rosa, ni todo lo que brilla es oro".

Y gracias a mi actual esposa, a quien le conté mi rica experiencia de vida junto a mi madre -en reiteradas oportunidades-, me alertó que era tiempo de que reconozca todo lo que mi madre hizo por mí y que lo primordial era "pedirle perdón". Reflexionar y pedirle perdón a mamá, después de un profundo recorrido por mi infancia y adolescencia, fue muy emocionante y aliviador. Si hasta sentí que estuvo a mi lado cuando me reconcilié con ella. No quiero perder esta paz. Creo que yo quería que mi madre fuese "perfecta".

<u>¿También derramó su magia en las decisiones del Ejército Argentino?</u>:

Cursado el sexto año, me recibí como Técnico Mecánico Electricista y abanderado de la promoción. Recuerdo que era Diciembre y ya estaba listo para ir a cumplir con el servicio militar, en tanto yo ya había sido sorteado con el número 043 a lo que se le denominaba -número bajo-. Pero vaya mi suerte, ése número sí entraba -por ése año siguiente- a formar filas y me mandarían a la Escuela de Marina. Por mi cabecita ninguna preocupación, dado que ya había visto a las fuerzas de infantería desfilar en cada fiesta patria y como muy fuerte, presenciar con toda la gente del barrio el regreso de los soldados desde "las maniobras" que hacían monte adentro y de las cuales volvían destrozados, enfermos y hasta lastimados. En Tartagal está todavía el RIM 28 – Regimiento de Infantería de Monte 28. O sea, yo solo decía que tenía que cumplir con esta etapa -la del servicio militar-, y ¡punto! Tampoco pensaba en qué tenía que hacer ni adónde ir después de cumplido el servicio militar. Yo no me proyectaba ni planificaba hacia un futuro muy lejano. Solo vivía el presente y por decir, mi horizonte de proyección quizás era de un día, unos días, o una semana. Día a día "hacía" mis mandatos o los mandatos, como quieran que se les llame.

Quizás, por todo lo que les conté, ya puedan inferir lo que sucedió a posteriori. ¡Sí, díganlo! Apareció -como yo hoy le llamo-, la magia de mi madre Dina Rosa. Más bien la pluma mágica de mamá o la carta mágica que torció las decisiones en el ejército.

Ella ya había averiguado la fecha en la cual yo debía presentarme a las oficinas del Ejército en Salta Capital, y debía viajar en tren. Y así fue. El día que salía desde mi casa a la estación del Ferrocarril, me despedí de mi padre y de mis hermanos, y con mi madre tuve una hermosa y emocionante despedida pero algo más, porque me dijo: "lleva esta carta" a Oscar Aramayo el hijo de tu madrina Olga y tu padrino Gabriel Aramayo, quien es Oficial del Ejército y te está esperando. ¡Ohhh!, dije. ¿Siiii? ¡Qué bueno! Y viajé solito. No recuerdo ninguna cosa del viaje. Solo que llegué muy temprano de mañana, tomé un ómnibus y me dirigí al Ejército situado al norte de la ciudad, y preguntando-preguntando sin apuro, encontré al cuartel del ejército y allí -en una carpa blanca como aquellas de campaña que se ve en las películas-, al Oficial Oscar Aramayo quien me recibió muy afectuosamente a los abrazos. Yo recordaba haberlo visto en Vespucio cuando mamá me llevó a visitar a mis padrinos y yo tenía unos diez años. De esas visitas a mis padrinos recuerdo varios lindos momentos pero lo más emocionante era cuando yo me arrodillaba frente a mis padrinos diciéndoles: "denme la bendición madrina y padrino", a lo que mis padrinos ponían sus manos en mi cabeza y pedían: "Dios te bendiga Pepito". Lo que no puedo explicar es lo que me sucedía con las bendiciones de mis padrinos -algo inundaba mi interior-, sentía paz y yo era otro, me sentía querido y amado. Y si a esto le agrego el calmo y suave tono de voz tanto de mi madrina como el de mi padrino, puedo decir que era muy reconfortante visitarlos y conversar con ellos.

Pues bien, retomando el encuentro con el Oficial Oscar Aramayo, recuerdo que me tomó los datos para la revisación física y médica, mientras leía la carta que yo le entregué. Físicamente yo estaba bien y sobre los asuntos médicos también, salvo las cicatrices que yo presentaba entre las piernas, debido a una caída que tuve sobre una pequeña rama de paraíso quebrada y astillada, y que me costó un mes de internación médica. Finalmente, pasado el mediodía, Oscar me llama de entre decenas y decenas de jóvenes que también esperaban los resultados de la revisación, me lleva a una mesa grande con mantel verde y en donde había dos oficiales más -compañeros de Oscar- y a quienes me presenta diciéndoles: "les presento a Pepito, ahijado de mis papás y que se va a estudiar ingeniería en Tucumán". Yo, un poco sorprendido por la manera de presentarme, solo dije: "mucho gusto, mucho gusto". Salimos de la carpa de revisación y a unos metros antes de la salida del cuartel me entrega la "libreta de enrolamiento" mientras me abraza y me dice: "Pepito, tarea cumplida por mi parte, ahora te toca hacer tu tarea, ¡la de estudiar en Tucumán!". Ahí recién, pude imaginar o leer mentalmente lo que decía la carta que mi madre había escrito para Oscar. Allí, en instantes, entendí que mi próximo paso era viajar a estudiar a Tucumán. No le busqué "tres patas al gato sabiendo que tiene cuatro". Todo estaba hecho, no tenía ni se me despertó alguna duda. Mi confianza sobre lo que mi madre elaboraba para mí, siempre fue total. El camino que ella me trazaba, cautelosamente y sin que yo me diera cuenta, me daba seguridad y libertad. Hoy, yo infiero que la "obediencia voluntaria" como una actitud responsable y que yo la practicaba naturalmente, es el valor que me llevó a una muy buena relación con mi madre, con mi padre y mis superiores.

<u>Debía comenzar el camino más difícil y por suerte lo hice con una "buena decisión":</u>

Y así, sin darme cuenta, a fines de Enero estuve en San Miguel de Tucumán instalado en la casa de mi abuela. Y por supuesto que con un poco de recelo hacia ella porque yo siempre me sentí "un niño sin abuela". Pero, en fin, tenía donde comer y dormir. Y así, pisando terreno -un poco firme-, el primer día de Febrero fui a la UNT (Universidad Nacional de Tucumán) a la calle Ayacucho al 400, dato que yo había encontrado en una guía telefónica que pedí a un vecino. No tenía noción cuáles eran las diferencias entre la UNT (Universidad Nacional de Tucumán) y la UTN (Universidad Tecnológica Nacional). Solo me cayó bien la primera y por eso fui a la UNT. Tuve suerte con esta decisión porque -si bien no lo tenía claro-, con el tiempo valoré que ésa era la formación profesional que yo anhelaba, es decir, una preparación de muy alto nivel en lo técnico académico. Esta fue mi primera decisión lejos de mi casa, quise decir, lejos de mi madre Dina Rosa, y me salió muy bien.

En los siguientes días de Febrero llega desde Tartagal mi hermano Tito –a quien le decían "pan francés"-porque normalmente llevaba una tira de pan francés en su bolsillo. Él era el tercero, es decir, de mayor a menor: Yo, Chacho "el negro", y Tito "pan francés". Gordito, bajo de estatura, de pelo castaño oscuro, tez blanca, cuidaba el arco en nuestros partidos de fútbol allá en Tartagal. Una inmensa sorpresa fue su llegaba y también una gran alegría. Él, yá con un oficio en su haber, trabajó de "ayudante chapista" en un taller cercano a la casa de mi abuela, además de ir a la escuela nocturna a terminar su ciclo primario. Y se llevaba muy bien con mi abuela. Yo, regular, un poco más que nada. Cuando almorzábamos sentíamos la necesidad de repetir el plato y la abuela no nos daba más. La situación económica también la apretaba. En estos días de Febrero, estábamos muy justos con el dinero, por lo que Tito tenía la bondad de darme unos pesos para mis gastos cuando yo me quedaba corto. Y yo sospecho que mi madre lo trasladó a Tucumán en razón de su relación con una chica vecina de nuestra casa en Tartagal. A los pocos meses, mi hermano Tito regresó al pago, se casó con esa misma chica "Margarita" y se fueron a vivir a San Pedro de Jujuy y tuvieron cinco hijos. Yo hoy siento que debía haberle dado más tiempo a mi hermano Tito y haber conversado más con él. Hoy ya no está con nosotros y para mí, es tarde.

¡Qué bueno es hacerse valer! ¡Gracias mamá!:

Mi vida como estudiante universitario estuvo llena de sorpresas y buenos momentos. Por ejemplo, comenzado el curso de ingreso "que era eliminatorio", de un mes y medio de duración y con tres exámenes parciales, los cuales yo había superado con la máxima nota, me sirvieron para posicionarme desde el ingreso mismo entre los alumnos de buen perfil para la ingeniería.

El fútbol también me sirvió para iniciar nuevas relaciones con otros compañeros estudiantes de ingeniería, y en mi primera incursión, el promotor fue mi tío Lucho –hermano de mi madre-, quien se preocupaba de que yo no pierda el estado físico que había logrado en Tartagal. Él sabía bastante de lo que era lograr un cierto estado físico y mantenerlo, porque él fue boxeador en su juventud. En este sentido es que Lucho me invita para que conozca la cancha del Club Banco Provincia y pueda hacer un poco de ejercicios físicos ¡y porque no!, jugar a la pelota. Lucho insistía en llevarme y acompañarme hasta que yo haga ejercicios físicos. Luego, acepté. Decisión que me dio muchos beneficios en mi vida como estudiante. Pero tenía un pequeño inconveniente, no tenía conque vestirme para gimnasia. Y no creo que fue un error el no haber traído ropa de gimnasia y botines -desde Tartagal-, en razón de que mi viaje había sido solo para comenzar mis estudios y no distraerme con otra cosa. Por lo que Lucho se ofreció y me prestó su ropa y botines. Pero, aparece otra dificultad, la talla de mi tío es más grande que la mía por lo que toda la vestimenta y los botines me quedaron grandes, pero pensándolo bien, yo solo quería divertirme un rato al aire libre. Por lo que me puse el atuendo y nos fuimos en bicicleta. Y por si faltaba algo, llevaba hasta una gorra con visera para tapar el sol. Mi look era algo cómico tal cual se ve en los dibujitos animados. Y así fue. Llegamos al Club y en una cancha chica y pareja, estaban muchos jóvenes viendo un partido de fútbol con camisetas de distintos equipos, es decir, un partido serio. Y efectivamente, mi tío pregunta quienes jugaban y les dicen: es un partido oficial del campeonato para estudiantes de ingeniería. Entonces intervine también en la conversación y pregunté: qué equipos jugaban; a lo que me responden: ingeniería mecánica con ingeniería eléctrica. ¡Era algo mágico e imposible! lo que terminaba de escuchar. Pregunté por el encargado del equipo y allí conozco al estudiante de ingeniería eléctrica Manuel Alberto Álvarez -Cococho-, quien hoy es mi amigo. Y a tales fines, le explico que me había inscripto en la carrera de Ingeniería eléctrica, que estaba asistiendo al curso de ingreso, y que deseaba jugar y si era posible. Cococho me respondió sintéticamente: de verdad nos están faltando algunos jugadores para completar el equipo, y me vendrías bien como mediocampista pero ¿cómo me convences de que sos estudiante de ingeniería? ¡Decime! ¡miráte la pinta que tenés! Cococho estaba todo ofuscado, nervioso por mi disparatado pedido, a la vez que mi tío le calentaba la oreja diciéndole que yo era muy bueno en el medio campo. Por supuesto que se armó una tremenda reacción -por no decir trifulca- entre los dirigentes del equipo y los mismos jugadores de eléctrica. Además yo les explicaba que estaba jugando en un equipo federado en Tartagal, que soy zurdo y que jugaba de 5, y que no era culpable de haber llegado hace unos días a Tucumán. Era claro que escuchaban nuestros argumentos, tanto los de mi tío Lucho como los míos. Y el único que estaba considerando seriamente mi pedido de incorporación al partido, era Cococho Álvarez. Él me haría ingresar unos minutos para probarme porque eléctrica perdía uno a cero. En el ambiente había una sensación de trampa y de necesidad, hasta que a Cococho se le prendió la lamparita, yo entraría con nombre y apellido falsos. Y así fue. Entré a jugar y en poco tiempo empatamos y luego ganamos tres a uno a mecánica. Desde ése hermoso momento -y gracias al fútbol-, yo pasé a ser mediocampista titular en el equipo estudiantil de ingeniería eléctrica, y me hice de muchos amigos.

Y tal cual lo hice yo, lo hacía mamá. Ella continuamente diseñaba estrategias para hacerse valer, algunas veces con sus vecinas, otras con mi papá. De igual manera lo hacía mediante cartas para conseguir ciertas cosas como hacerse escuchar y que le reconozcan sus derechos.

<u>Mi primera y maravillosa carta para mi madre:</u>
Una vez terminado el curso de ingreso y con la nota más alta de promedio, encuentro a dos de los dirigentes del Centro de Estudiantes de la Facultad de Ciencias Exactas y Tecnología de la UNT, a Cococho Álvarez y al Mocho Luis del Negro, quienes por pedido mío me llevaron y me presentaron al Sr. Decano Don Naval Canés -creo que era militar- y luego de una conversación, salí de la oficina con una "beca económica estudiantil" para palear -en algo- los costos que me insumía el inicio de la carrera. Agradecí a mis compañeros Cococho y Mocho. Yo no lo podía creer. Llegué a la casa de mi abuela, tomé papel y lapicera e hice

inmediatamente una carta contándole todo a mi madre, sobre las bendiciones que llovían sobre mi alma, sobre mi espíritu, sobre mi cuerpo, sobre mi rostro, no sé, sobre mí. Al otro día pasé por el correo y la despaché. Ella, mi mamá, era la única que con seguridad estaba esperando mis noticias. Al poco tiempo tuve su respuesta: "que me cuide y siga adelante con mucha humildad y tranquilidad. Que me quiere mucho".

<u>Mi madre escribía cartas con tintas mágicas:</u>

Hasta el tercer año no tuve inconvenientes en llevar hacia adelante mi carrera, yo tenía conocimientos de sobra que había incorporado en mi querida Escuela Técnica Vespucio con profesores que eran profesionales y varios egresados de la UNT. Si hasta tenía carpetas de trabajos prácticos, que las utilizaba en la facultad. Pero no es solo esto lo bueno de los primeros tres años. Hay otras cosas que me causaron fascinación y son aquellas que también a la distancia surten efectos maravillosos en las personas. ¡Sí!, ¡mi madre!, ¡la única!, la que lo podía todo estando yo muy cerca o muy lejos. Ella -a medida que pasaba el tiempo- tomaba mis esquelas y junto con las copias de las "constancias de las notas obtenidas" que yo le enviaba, escribía cartas, una vez al Presidente de YPF, otra vez al Gobernador de la Provincia de Salta y también al Presidente de la República, con diversos propósitos. El hecho es que durante los tres primeros años de mi carrera tuve becas económicas que me ayudaron a estudiar con tranquilidad y pagarme los gastos de comida, ropa y alquiler de habitación. Me vuelvo a preguntar: ¿No son acaso deslumbrantes las acciones de mi madre? Yo sí leí algunas cartas que ella escribió, por ejemplo las que le hacía a mi abuela, y su redacción o ensamble de palabras tenían emoción, alegría, tristeza cuando lo debía, y principalmente magia y colores, o sea mi mamá tenía un poder de persuasión muy efectivo. Por esto y muchas otras cosas más, yo la sigo admirando. Nunca me hizo faltar alguna cosa mientras estaba en la universidad. Por lo menos los tres primeros años.

<u>Hice lo que debía hacer por mis hermanos, a la vez que el éxito</u>

<u>seguía acompañándome:</u>

Mi vuelta a Tartagal, lentamente me destrozaba el alma. Me quitaba todas las fuerzas el saber que mis padres decidieron separarse y mi gran preocupación eran mis hermanos menores. Alicia Beatriz "Betty" y Juan Carlos "Palito", y por supuesto mi hermanastra "Moniquilla". Tito ya estaba casado, con hijos y en San Pedro de Jujuy. Chacho "el negro" ya era Suboficial del Ejército Argentino y estaba en Campo de Mayo – Buenos Aires. Pero yo jamás dudé sobre lo que debía hacer. Tenía un "proyecto sencillo" que se lo expliqué al Sr. Juez delante de mis padres -en una Audiencia- y que consistía en llevar a mis hermanos menores a San Miguel de Tucumán para que tengan las mismas oportunidades que a mí me la dieron, sigan estudiando, y dejen de sufrir aquí en Tartagal. Eran tres: Betty, Palito, y Moniquilla. El Sr. Juez vio y sintió la seguridad de mis expresiones y de los argumentos de mi "proyecto", por lo que le ordenó a mi padre Raimundo que se encargue de la parte económica que le correspondía, así como abrir una cuenta en la Caja de Ahorros para las transferencias de dinero, y a mí me concedió la autorización legal de "tutor" de mis tres hermanos menores. Y así, resuelto este problema viajamos de regreso a Tucumán. Esta también fue una decisión muy acertada y que mis hermanos valoraron fuertemente.

En casa de mi abuela mis hermanos vivieron un corto tiempo. Yo iba y venía todos los días desde mi departamento. Dado que -como era lógico- las cosas se complicaron con mi abuela y mis tíos. A lo que yo resolví conversar con mis compañeros de estudios y de alquiler sobre mi situación, con el fin de que me apoyen por un tiempo. Y así fue. No solo me apoyaron sino también me ofrecieron su ayuda.

Una vez en el departamento, los cuatro en un dormitorio -en dos camas cuchetas- junto a una pequeña mesa que servía de escritorio, afuera rodeando al patio se situaban los otros dos dormitorios de mis compañeros, la cocina con pileta y una anafe de dos hornallas, al lado el lavadero, y a la par el baño. Y allí, en ese pequeño departamento, comenzaron otras historias y grandes decisiones. Yo un poco azuzado por todas las responsabilidades no solo continué con mis estudios, sino que escuché a mis compañeros de departamento también estudiantes, que me dijeron: "vos pepe, dada tu situación familiar, ¿por qué no te presentas a concursar para Ayudante Estudiantil? ¡Son cargos rentados!". Me contaron todos los detalles y despertaron mi curiosidad. Y por supuesto que me asustaba la idea de concursar pero no era nada imposible. Al fin y al cabo "todas las estatuas que nos rodean por el mundo fueron realizadas en honor a personas iguales a mí, iguales a nosotros y ninguna fue un extraterrestre, me dije a mí mismo". Así que escuché los consejos y comencé a averiguar los requisitos y fechas de las materias que yo consideraba más cercanas y amigables con mis conocimientos. Y así me animé a decidirme por álgebra de primer año. Pero justo -como bendición de Dios-, me llega la noticia de que en la materia Matemática Aplicada -la última matemática que se les dictaba a las ingenierías-, es decir, la matemática más avanzada en las carreras de ingenierías. Y decido también presentarme en ésta última. Con Matemática Aplicada me sentía fresquito y seguro porque hacía tres meses que la había aprobado y con la máxima calificación. Rendimos y llegan los resultados. Empaté en Álgebra y gané en Matemática Aplicada. Pero como no podía ser de otra manera, el Profesor de Aplicada me llama a reunión y me explica que: "debido a que el otro concursante que es un estudiante avanzado de la Licenciatura en Física y que además se dedica a las investigaciones, y que a pesar de que fue aplazado en el concurso, defino el mismo como un empate". En lo siguiente y de manera convincente y categórica -seguramente como lo hacía mamá-, pedí una entrevista con el Sr. Director del Instituto de Matemática el Dr. Herrera, quien me la concedió de inmediato. Lo saludé y me preguntó sobre mi inquietud, a lo cual yo le expliqué lo sucedido. El Dr. Herrera, con mucha seguridad por lo que leía en el "reglamento de concursos" y tono pausado, me dijo: "Si Ud. ganó el concurso por notas, Ud. es el Ayudante de la cátedra. Si empatan en las notas, el que tenga más antecedentes académicos será el Ayudante. Y cuando hay empate en las notas, y empate en los antecedentes académicos, el Ayudante será el que tiene mayores necesidades económicas. Por lo tanto, y de acuerdo a lo que Ud. me relató, Ud. ganó el concurso. Por lo que le pido me vea mañana que yo hablaré con el Profesor de la cátedra". Y así, me convertí en uno de los más jóvenes empleados de la Nación en el cargo de Docente Universitario Auxiliar de Segunda Categoría, o sea como Ayudante Estudiantil, cargo ganado por concurso. A posteriori, escribí una carta a mi madre y a mi padre diciéndoles de lo bien que me estaba yendo en la Universidad y que ya no hacía falta que me envíen dinero. El festejo con mis hermanos y con mis compañeros del departamento y también estudiantes, fue de mucha bulla y agradecimiento a Dios. Cada tanto tiempo la vida nos regalaba buenos sabores y mucha felicidad. Desde ahí en adelante, desde Tartagal solo venían cajas con quesos, otros embutidos, pan casero, empanadillas y dulces, lo que compartíamos entre todos.

Con Betty y Moniquilla visitamos una escuela de manualidades. La inscribieron y la aceptaron que concurra con Moniquilla que entonces tenía los cinco años. Betty eligió estudiar peluquería y corte y confección. A Juan Carlos lo inscribí en una escuela primaria para que termine sus dos últimos años que debía de la primaria. Él tenía ya sus quince años y a pesar de que en Tartagal se había acostumbrado a vagabundear junto a personas mayores que él, andar a caballo arriando ganado vacuno, y abusar del alcohol, no se resistió ni protestó cuando le dije que ya estaba todo listo para que asista a la escuela primaria. La escuela pública estaba ubicada en pleno centro de San Miguel de Tucumán, él debía ir y volver a pie y con guardapolvo blanco. Al tiempo Palito confesó que al comenzar a asistir a clases, le daba mucha vergüenza, pero que se adaptó rápidamente. Gracias a Dios, todo anduvo muy bien. En los dos años que convivimos, mis hermanos anduvieron muy bien con sus estudios. Betty se hizo de amigas, Palito de amigos,

Cierto día y en razón de que me llegó una carta con un sobre grande y muy grueso, cargado de formularios e indicaciones para su llenado, proveniente desde el INCE (Instituto Nacional de Crédito Educativo para la Igualdad de Oportunidades), inferí -sin ninguna duda-, de que esto era fruto de las últimas gestiones de mi madre Dina realizada por cartas a la Presidencia de la Nación. Este era un crédito muy blando que un estudiante se lo ganaba según su rendimiento académico, y que yo debía devolver una vez graduado y con facilidades. Todo esto sucedía simultáneamente cuando yo había tomado la responsabilidad de ser tutor de mis hermanos menores, por lo que me sentí muy a tono con las necesidades de mis hermanos y las mías, y la capacidad de dar respuestas a las mismas. Esta variable, la económica, por un largo tiempo dejó de ser un problema.

La debacle económica de los años siguientes fue la causante de que se quebrara el proyecto diseñado para mis hermanos menores. Pero fue muy positivo para todos nosotros, por lo que hasta hoy Betty y Palito me hacen sentir lo bueno y positivo que fueron esos años en Tucumán, resaltando el cambio de vida que tuvieron, las ricas experiencias adquiridas, las amigas y amigos que hicieron, siendo las anécdotas divertidas las que más nos hacen recordar y añorar esos días felices lejos de los problemas. Yo en particular y con un poco de lágrimas en los ojos, resalto la aptitud de mis hermanos y la capacidad de escucharme que tuvieron y más aún la confianza que depositaron en mí, los que fueron actos decisivos para mejorar el rumbo de nuestras vidas.

<u>Mamá, también ayudó a mis hermanos. ¿Una Visionaria?:</u>

Una vez, ya adulto me pregunté si mi madre inclinó la balanza de su vida en apoyo a mí solamente o fue una casualidad que yo la encumbré con asombro. Y no, no fue solo un apoyo para mí. A mi hermano Chacho "el negro" le decía:

-"Vas a ser un militar porque tienes carácter y comportamiento para esa profesión."

A mi hermano Tito "pan francés", le decía:

-"Serás cura, tienes todo, eres muy bueno con todos, tienes algo muy especial."

A mi hermana Betty, muy pequeña, también le recordaba:

-"Serás política, todo discutes, nunca te callas y haces lo que quieres."

Y al menor de todos mis hermanos, "Palito", no recuerdo qué le decía, pero sí de seguro le auguraba una vida desordenada. Y con mucha aproximación, mi madre le acertó a todos los casos. Chacho fue militar, Tito fue Pastor Evangelista, y Betty hizo muchos trabajos políticos en las unidades básicas de un partito mayoritario. Y mi hermano Palito, es lo que es, un artista para llevar su familia adelante, es "corredor inmobiliario".

Hoy sé que eso se llama Visión, y ¡sí!, mi madre fue una visionaria. Dios le dio ese don, el de ver y palpar el futuro de cada uno de nosotros, como si lo estuviera viendo y viviendo. En fin, ella sabía para qué habíamos venido a la tierra, es decir, sabía el propósito de nosotros en la vida. Yo digo que mi madre -a su manera- nos mostraba el mundo y hacia él nos impulsaba dulcemente, a diario y con mucha seguridad. No sé si ella sabía que había diferencia entre la educación recibida en mi casa y los conocimientos adquiridos en la escuela. Pero si junto a ambos conceptos en uno solo, yo les aseguro que mi única arma que dispuse en la vida fue la "educación". Y valoro enormemente a esa "educación" porque cambió mi vida. Aprendí a tener objetivos, metas y lograrlas. Aprendí que el esfuerzo no es un enemigo, sino un aliado en la vida, y como muy importante aprendí a sentir la compañía de "mi estima" que juntos superábamos los diversos obstáculos que se interponían en mi camino. En el "ajedrez", mi madre sería la reina que con un solo movimiento transformaba el tablero, y yo, a veces el rey a quien -sin darme cuenta- había que cuidar, y muchas veces el peón que debía trabajar. En otras palabras, mi madre era la encargada de mantener instalada la visión de mi futuro, y yo el hacedor de ese futuro. Las cosas que le hacen bien a uno y a los que los rodean, se hacen sin pensarse, de manera mecánica quizás, sin detenerse, solo se hacen, y esto es lo que más llena los vacíos que pudieran aparecer en nuestro interior. Por otra parte, todo ese gran proyecto -el de gran parte de mi vida-, nunca fue explicado, nunca fue desmenuzado, solo mi madre lo tenía en un "paso a paso" que día a día crecía y crecía. Lo relevante de esto es que hacer bien las cosas en el "paso a paso", te da la seguridad de que el resultado -sea chico, mediano o grande-, será de excelencia. Y así me construí. Nunca los resultados llegarán a ser monstruosos, lo que interesa es el trabajo a conciencia, y todo lo cotidiano es un trabajo también. El control no hace falta cuando hay total confianza en la mano de obra. Y yo, siempre me gané la confianza de mis padres porque hacía las cosas muy bien, no solo en los estudios, sino en aspectos cotidianos también.

<u>¡Qué hermoso es jugar para el mejor equipo del mundo!</u>:
¿Hay tiempo material en la vida de uno para formar e integrar diversos equipos de acompañamientos? ¡Sí! Así lo creo. Depende de cuantos frentes abras para poderte realizar. Yo tenía varios equipos. Tenía el equipo de compañeros de escuela con quienes estudiábamos y comíamos sándwiches de mortadela y queso. También tenía tres equipos de fútbol: el de la escuela, el del barrio para los sábados a la tarde, y del club para los domingos en el Club All Boys. Además formaba equipo para cantar con Julillo y Fiaca en el trío "Poncho y Tradición" -exageradamente tradicionalista el nombre-. Pero el equipo más importante era el formado por mis padres y mis hermanos, que sin llamarle equipo, hoy me doy cuenta que entre nosotros nos apoyábamos, directa e indirectamente, unos más que otros pero tirábamos para un mismo lado, y si no había tal unión -en algún momento- saltaban los tapones del tablero y las cosas en algo se enderezaban. Éste no era un equipo para hacer cualquier cosa, éste era un "equipo de vida" y en ése equipo "la capitana era mi madre", y yo, quizás era el jugador más instruido y el que le ponía más garra a las luchas de la vida. Quizás por ser yo el hijo mayor en ése equipo, por lo que hacía esto o aquello, escuchaba principalmente, además consolaba al que lo necesitaba, y así "paso a paso". Una característica especial de ése equipo era que había mucha empatía entre nosotros, entendíamos nuestras emociones. Mi madre como "la líder del equipo" avizoraba el futuro de todos nosotros, tanto el mío como el de mis hermanos. Por supuesto que mi madre tomaba riesgos en cada acción que emprendía, esto es lógico, por ejemplo: desde nuestra casita pensaba y actuaba, y su físico muy robusto no la

amedrentaba para nada, ella tomaba simplemente "un papel y un lápiz o lapicera" y armaba su trinchera o su fortín, sea imaginario o subjetivo, psicológico o espiritual, pero sí los papelitos escritos o cartas eran reales. Y así, lograba lo necesario para que se concretaran sus pequeños y grandes sueños. Y la otra herramienta que mi mamá utilizó para avanzar en la vida junto a nosotros, era la palabra, el boca a boca. No había quien la doblegue, siempre sacaba algún argumento convincente a lo que le ponía simpatía y algunas veces hasta humor. Los sueños de nosotros se forjaban desde las palabras de "la capitana del equipo". Ella nos hacía la vida más fácil. Mis sueños yo los reforzaba leyendo algún libro y estudiando todos los días de lunes a sábado. Todos esos propósitos que mi madre nos hacía ver nos originaban nuevas sensaciones, nos trasladaban a otros lugares, y nos imaginábamos conocer a muchas otras personas.

Por supuesto que lo que más teníamos era "presente". El futuro estaba en nuestras mentes, pero más en la mente de mamá. Y en esos presentes éramos muy felices, también muy tristes a veces, y de mucho dolor en otras ocasiones.

En lo que a mí respecta, yo no era un servil de todo lo que me decía o me pedía mi madre, habiendo habido varias cosas con las cuales yo no estaba de acuerdo y lamentablemente, discutíamos muy fuerte y por lo menos dejaba en claro mi parecer o punto de vista. Si yo hubiera sido un servil, no hubiera aprendido a vivir en libertad, ni a tomar buenas decisiones, ni mucho menos a vivir en ambientes distintos. Yo también ponía lo mío, por ejemplo: aplicaba o utilizaba mis cualidades como la capacidad de concentrarme en lo que debía hacer y mejor todavía trataba de hacerlo bien, también la lucidez de poder determinar lo que era prioritario, es decir, qué cosa hacer primero y que otra hacer después, y para mí, el estudio era y sigue siendo hasta hoy "la prioridad". Nunca abandoné esa preferencia.

Quizás peque un poco, porque cuando me hice grande tomé muchas malas decisiones y las pagué muy caro. Mi capitana ya no estaba, yo era mi propio capitán y me di cuenta de lo duro que es liderar por uno mismo, y cuán severo cuando uno lidera para otros integrantes, además. Con esto me estoy refiriendo al plano sentimental, que es una disciplina más bien personal y sobre la cual nadie me dio ni siquiera una sola instrucción práctica.

¿Y el dinero, juega?

Obsérvese que no traigo a colación ninguna situación en la que intervenga el dinero. El dinero no era palabra corriente en nuestro vocabulario a pesar de que sabíamos muy bien cuáles eran momentos económicos difíciles y hasta pésimos, y cuáles eran aquellos momentos buenos económicamente. Los momentos buenos económicos los puedo resumir en dos. Uno cuando mamá nos compraba -vía reembolso por correo-, el calzado, la ropa y los guardapolvos -todo por números y talles-. La llegada de las encomiendas a la casa despertaba una inmensa alegría en todos nosotros, nos sentíamos felices, si hasta nos parecía abundante lo que recibíamos. Había risas, sonrisas, saltábamos y gritábamos a la vuelta de los paquetes -como si estuviéramos rindiendo culto a los mismos, tal cual los "pieles rojas" en las películas-, y toda esta felicidad la sentíamos durante varios días. Y los otros momentos económicos buenos y que se vivían en el seno de nuestra casita, eran los fines de mes, cuando llegaba mi papá con comida comprada como empanadas y tamales, lo que reflejaba que él había cobrado su sueldo de YPF y le daba dinero a mi madre. Todos lo sabíamos y festejábamos de la misma manera como ocurría cuando recibíamos encomiendas. Todos estos ingredientes formaron parte del rompecabezas que manejaba mi madre y en parte mi padre, para hacernos felices y prepararnos para sobrevivir aunque nuestros sueños no fuesen factibles de hacerse realidad. Que yo recuerde, en mi casa, el dinero no estaba en la mesa de la educación, quizás porque mis padres no estaban preparados para hablarnos de las finanzas. Pero, hoy me pregunto: ¿Debemos educarnos en las finanzas? Creo que hoy es imprescindible. Antes, cuando el dinero era fuerte, el tiempo no contaba. Hoy, tanto para monedas fuertes como débiles, el tiempo sí cuenta.

<u>Cuando el alcohol acompaña:</u>

Un episodio aparte merece la descripción de la relación íntima que mi padre tenía con la bebida alcohólica, más bien con el vino. Y quizás el ver a menudo estos pasajes y los efectos posteriores que el alcohol producía en ése ser muy querido como era mi padre, hayan sido el factor más fuerte que reforzó mis fortalezas en contra de fumar y de beber. Y en ocasiones me causaba mucha tristeza ver a mi padre solito sentado a la mesa frente a una botella y a un vaso con vino. A veces conversaba o más bien hablaba solo. Y yo al ver estas escenas imaginaba que papá dialogaba con el vino o con la botella y el vaso. Yo conjeturaba que -entre lo perdido que estaba y algunas palabras que yo le entendía-, necesitaba ser escuchado, a lo que yo le preguntaba si necesitaba algo y por supuesto que su respuesta no encajaba con lo que yo esperaba que me respondiera. Pero sí percibía y hasta veía que mi papá se embriagaba y se envolvía en la tristeza. Y yo desconocía las causas de ese estado en que se ponía mi padre. Pero poco tiempo después, al pasar unos pocos años, yo llegué a conocer la historia de mi madre con la de mi padre, es decir, también mí historia, y de ahí es que yo llegué también a sentir mucha tristeza al saber que mi madre nunca lo amó. Esto no es una adivinanza. Es la realidad y yo me sentía culpable de ser la causa de esa infelicidad de mi padre con mi madre.

Había almuerzos en los cuales mi padre les decía a mis hermanos y a mí en particular, que tomemos -aunque más no sea un trago de vino con soda-, a los fines de asentar la comida. Yo no pensaba en el argumento que él nos daba. Yo le tenía asco al olor que emanaba un vaso con vino. Papá insistía y mis hermanos varones lo aceptaban y bebían un trago o dos. Éramos chicos. En cambio yo, sufría las arremetidas o insultos de mi padre, quien me llegó a decir "sos una rosita" y lo hacía delante de mi madre y mis hermanos. Hasta que un día le di el gusto y tomé un trago pero con mucha soda. Y en unos días, esto se hizo habitual a tal punto que -de verdad- yo comía un bocado de comida y seguidamente tomaba un trago de bebida. Por lo que también recibí retos de mi padre. Por suerte, estos almuerzos con la presencia de papá no eran frecuentes, lo que me permitía escapar de sus ocurrencias o caprichos con perfil machista.

Con el tiempo me di cuenta que son inimaginables las cosas que pasan por la cabecita de una persona que no puede escapar de las argucias del alcohol. Y por lo que hizo mi padre, yo imagino que en su trabajo, algunos de sus compañeros le tomaron el pelo, en cuanto le dijeron: "que en breve se perdería el mundo". Lo cual hizo fuerte efecto en mi padre, a tal punto que compró más de veinte cajones de vino tinto Los Parrales, y los guardó en el comedor apoyados uno arriba de otro y en fila de uno contra de una de las paredes. No había explicaciones, solo expresiones defensivas de mi padre frente a los reclamos de mi madre. Por supuesto que yo no entendía nada ni procuraba concebirlo. Yo siempre respeté a mi padre tal cual su esencia.

<u>Para mí, no era complicado vivir con mamá:</u>

Cuando me pregunto ¿cómo es la percepción de mi felicidad hoy respecto a la de aquellos tiempos? No se me ocurre otra cosa que responder: "yo particularmente -aunque vuelva a pasar por todo lo malo que pasé- optaría vivirla en aquellos tiempos". Hoy veo que la felicidad que percibo -cuando la percibo-, es más inestable o quizás más fugaz y lo atribuyo a la influencia de muchos otros factores de peso que antes no los consideraba. Por ejemplo, hoy las expectativas materiales respecto de las alcanzadas sí son un factor de peso y frustran demasiado si uno no las concreta. Antes, las expectativas sí que eran grandiosas pero no frustrantes porque uno sentía un gran apoyo para lograrlas, y conseguir aunque sea una partecita de ellas era motivo suficiente para disfrutarlas.

Seguramente mi madre no quería que yo sufriese, y atribuyo que por eso ella me daba libertad, me dejaba tener amigos, salir los sábados a la noche, estar de novio y jugar al fútbol, pero siempre me ponía límites y se preocupaba de dejarlo muy en claro. Limitaba mis salidas, mis horarios, mis amistades, de mis cosas nunca se conformaba totalmente.

Cuando ella nos quería hacer conocer las expectativas que tenía sobre cada uno de nosotros, lo hacía utilizando una conversación amena, con palabras tiernas, amorosas y nos hablaba con firmeza y mucha confianza. Hablar con mi madre, significaba disfrutar de su buen humor y alegría, y podíamos expresar hasta nuestras emociones de una manera suelta, sin represiones. Expresábamos o intercambiábamos mucho más emociones positivas que negativas. Nadie hablaba de gestionar nuestras emociones, tampoco se intentaba hacerlo, solo teníamos rienda suelta para expresarlas o intercambiarlas. Es cierto que había muchos ¡No!, de parte de mi madre -que es con quien pasábamos más tiempo-, pero eso no era represión. El equilibrio entre los límites impuestos y la libertad permitida, no nos dejaba lugar para los traumas.

Toda esta forma de llevarnos por la vida, y de acompañarnos, nos hacía creer en nosotros mismos. Éramos hermanos corajudos, sin miedos exagerados. Nos criaron con mucho amor más que con odio o tristeza. Hemos sido felices y muy felices en muchos momentos que vivimos, así como también tuvimos miedo e incertidumbre en otros muchos momentos.

Hasta mi graduación como "ingeniero electricista con orientación industrial", además de docente universitario, he realizado muchas cosas interesantes. Por ejemplo, trabajé como Jefe del Centro de Capacitación en una multinacional de origen alemán, lo que me dejó una experiencia maravillosa.

Pasaron muchos años, mi madre Dina ya no está, mi padre Raimundo tampoco. Y mis hermanos Chaco "el negro" y Tito "pan francés", también ya se fueron. Yo sigo trabajando, principalmente escribiendo como ahora mismo, y son muchas las preguntas que surcan mi mente, algunas desde hace tiempo, otras se me lían en segundos. Y como dije alguna vez, estoy viviendo la mitad de mi vida. No es solo optimismo, es más, es la confianza en la vida misma que día a día deposito en mi cáliz de oro puro. Esa confianza viene de haber hecho mil cosas bien, de cuidar mi físico mientras he podido, de cuidar mi espíritu aunque haya sido una lucha, de no acercarme a los vicios del mundo, de tener convicciones claras, de enriquecer mi mente, de haber salido muchas veces airoso desde un quirófano, de haber escapado -hasta por un agujero- de las personas que me hicieron daño, y, entre otras cosas, de buscar -segundo a segundo-la dicha y la felicidad.

<u>¿Mamá, puedo hacerte unas preguntas?</u>:
	Yo sé que iré al cielo y me juntaré con mi madre principalmente, y en algún momento me amontonaré con todos los integrantes de los distintos equipos que aquí abajo formamos hace tiempo. A mi madre tengo algunas preguntas para hacerle. Una de las preguntas que tengo pendiente es sobre su viaje al norte -con tanta prisa- que Ud. hizo cuando yo tenía algunos meses en su vientre. Porque yo tengo una versión propia y basada en mis conclusiones, por lo que dime: Si Ud. mamá, terminó su vida viviendo al lado de Rodolfo, tucumano igual que Ud., casi de la misma edad los dos, y que varias veces los encontré conversando recuerdos de cuando eran jóvenes: ¿Uds. se conocían ya de jóvenes? ¿Rodolfo fue el amor de su vida y por eso Ud. viajaba al norte? Indudablemente fue así. Mi madre, aparte de hacerme persona con sueños también se daba tiempo para soñar -ella misma-, planificar su vida, y entablar sus luchas por amor. ¡Mamá, sigues siendo mi líder!
	Y por último, aprovechando su sabiduría, le quiero preguntar: ¿Qué me aconseja que yo haga con mis hijos? Innegablemente me diría: "Pues, si son chicos, haz todo lo que hicimos vos y yo, es decir, enséñales a volar, hasta que aprendan. Así, ellos de grandes, harán su propio nido".
	Al pasar los años, sin querer, quizás hice lo mismo con mis hijos. Soy papá de cinco hijos, todos egresados universitarios. Cuatro con licenciaturas y uno profesor. Pero uno, además es sacerdote sdb.

<u>¡Apuesten todo a sus hijos o pequeños jóvenes!</u>:
	Para completar este eslabón de mi vida, lo quiero hacer con un noble material bañado en dorado del más puro metal, y la única forma de hacerlo es tomar el hilo directamente con "los hijos o pequeños jóvenes" que quieran lograr sus sueños

y principalmente con "las madres maravillosas" que -de seguro-harán lo imposible no solo para que sus hijos sueñen y sueñen sino además ayudarlos para que ellos los hagan realidad. Sí que no es fácil, pero si se da inicio a un "cambio de actitud", yá se ha recorrido el cincuenta por ciento del camino. Ahora debe ponerse en práctica permanente ése "cambio de actitud", para desarrollar el resto o sea la otra mitad de camino. De aquí que el mayor esfuerzo hay que ponerlo en iniciar y mantener un cambio de vida, allí mismo donde vives junto a tu familia. El cambio no es individual sino de a dos, o al menos de a dos. Ambas partes deben merecerse la incondicional confianza de cada uno, siendo esto lo que da seguridad en el "paso a paso" de la transformación. También deben estar atento a escucharse, no solamente oír sino procesar lo que el otro dice y dar una respuesta. Y así, sin darse cuenta, formarán un equipo fuerte que se plantea desafíos y da soluciones a todos los inconvenientes que se interpongan en el camino trazado por Uds. Y que -de verdad-, han decidido transitar, mientras se van logrando metas y metas. Después de un tiempo -que no se mide-, se darán cuenta que el hacer las cosas bien forma parte de un hábito. El objetivo diseñado y escrito a fuego -en la mente- de cada uno de los integrantes del equipo, es una estrella en el firmamento -no una estrella fugaz-, sino una luz que hay que alimentar todos y cada uno de los días del año, como una antorcha que ilumina el juego que el equipo decidió jugar.

CAPÍTULO 5

ES UN HONOR LLEVAR EL APELLIDO DE MI PADRE

Cuando digo mi padre, digo mi nuevo padre, mi padre putativo, mi padre adoptivo, mi padre Raimundo o mi padrastro. No es mi padre biológico. Es el padre que me devolvió la dignidad de hijo, a pesar de que yo sentía un poco de discriminación y diferencias respecto de mi hermano menor Chacho "el negro". Pensar en esto y pronunciarlo con mis dedos -cuando aprieto las teclas- me lastima, si se me quieren escapar las lágrimas, pero aprieto mis labios. Es difícil tratar este tema, más cuando conozco cómo fue el final de mi padre biológico. No aguanto: debo llorar por mí bien. Leí que llorar hace bien. Pero más difícil fue sobrellevar el apellido de mi padre adoptivo. Apellido y que por trece años no lo tuve mientras mi madre y yo creíamos tenerlo. También sufrí la pérdida del apellido de mi madre, por más de veinte años. Y pensar que yo -al nacer-, ingresé al mundo con el apellido de mi madre solamente, no tuve apellido de padre. Yo sé cuál es el apellido de mi padre biológico, el que se me habría dado, pero no quiero pronunciarlo ni pensarlo.

Tantos problemas tuve para poder saber quién soy, que se me despertó la sana idea de investigar un poquito sobre mis apellidos, principalmente sobre el apellido de mi padre adoptivo. Él era autóctono, de los valles de Salta, del pueblo La Merced muy cerca de Cerrillos. Esa originalidad de mi padre desciende de los Pueblos Diaguitas, que en el tiempo de la colonización la resistencia organizada por Viltipoco fue tremenda, a pesar de la diferencia de armamento que había. Las fuerzas originarias fueron devastadas por las fuerzas reales. El apellido del cacique fue decapitado -es decir, se eliminó la terminación "poco"-, como todos los apellidos de los caciques. El ascendiente de mi padre era Viltipoco, un Omaguaca puro. Hoy en día se pueden ver los apellidos originarios censados en aquellos tiempos, en los archivos de la localidad de Casabindo en la Provincia de Jujuy. Lugar muy conocido porque allí todavía se hace el "toreo de la vincha". Y así, no solo por ser muy importante llevo el apellido de mi padre Raimundo, sino en honor a todo lo que me enseñó mientras estuvimos juntos. Papá murió en San Miguel de Tucumán.

CAPÍTULO 6

*CÓMO LOGRÉ UNA MEJOR
RELACIÓN CON MI PADRE*

Los mejores momentos con mi padre fueron cuando él dejaba que yo le ayude:

-¿Papá, te ayudo a hacer adobes para construir la cocina?

-¿Papá te ayudo a sembrar almácigos?

-¿Papá te ayudo a trasplantar?

-¿Papá te ayudo a regar el sembrado?

O cuando yo le pedía ayuda:

-¿Papá me enseñas a compactar aserrín en la lata? (para tener más de doce horas de fuego en la cocina).

-¿Papá me enseñas cómo trabaja el piñón de la bicicleta?

O cuando yo conversaba con él:

-¿Papá cómo van las cosas en tu trabajo?

Ésta última experiencia es con la cual yo más llenaba mi vacío. Y todo esto porque yo era estudiante de Escuela Técnica (estudiaba en Vespucio en la escuela de YPF). Algunos de los jefes de mi padre eran mis profesores, y como yo era el mejor, el abanderado de la escuela, mi padre sentía orgullo por mí, seguramente. Eso me hacía sentir feliz. Lo necesitaba. En realidad él era mi padre adoptivo.

Yo le preguntaba detalles de su trabajo, sus viajes por el monte tomando lecturas de la producción de petróleo, el tamaño de los mecheros quemadores de gas residual o incontrolado, en qué vehículo viajaba, los animales que encontraba en las noches de trabajo, etc., etc.

CAPÍTULO 7

Vamos otra vez a mi adolescencia, solo doce años y tuve que sufrir en carne propia la herida más irritante que una mujer mayor puede hacer sobre el alma de un preadolescente.

Era la tarde de un lindo día y mi madre me manda a la verdulería por unas compras, a una cuadra de mi casa (por supuesto que una verdulería de barrio, muy chica), y una vez cumplida la compra me habla la dueña del negocio. Ella grandota, robusta, enrulado su pelo, negra brillante y de piernas gruesas, realmente fea, me dice:

-*"Vos no eres hijo de tu padre, él es tu padrastro, él es papá de tus otros hermanos pero no tuyo, que no ves que vos no te pareces en nada con ellos, etc., etc."*

Yo escuché todo, todo, la miré, me di vuelta y salí corriendo a mi casa llorando con mi alma que se me caía entre mis dedos, llegué a mi casa y mi madre escuchó mi relato; ella muy alterada de los nervios se fue a pelearle a la negra maldita. Todo lo que hizo mi madre no resolvió nada en mí. Yo solo quería desaparecer, no entendía todos los detalles pero esa noche sobre la mesa divisé un cuchillo tras del mechero que nos iluminaba e imaginé que lo tomaba, que corría hasta el fondo de mi casa, que chocaba contra el cerco y que me atravesaba con el metal a la altura de mi estómago. Así, con esta perturbación, más bien pesadilla, desvelé toda la noche, no eran coherentes mis pensamientos, lloraba con mis ojos cerrados y apretados, con mis quejidos a media voz, escondido del mundo en la cama, con las rodillas tocando mi pecho, sin querer nada, sin quererme, sin entender por qué. Al tiempo, se me hizo común este tema dado que hasta mis amigos de la barra me comparaban con los colores de piel de mi hermano menor y juzgaban que no éramos hermanos.

Después de un tiempo, terminé la escuela primaria por lo que debía sacar la "cédula de identificación" de la policía provincial para cualquier trámite posterior, y para lo cual mi madre pidió al registro civil de Salta capital mi partida de nacimiento y vaya uno a saber, llegó con mi nombre completo y el apellido de mi madre, nada del apellido de mi padre (adoptivo) que hasta entonces lo había usado en todo (colegio primario, hospital, enfermería, primera comunión, etc.). Otra vez sentí dolor, duro y tenso mi estómago, perdido del mundo.

Cuando vino mi padre desde su trabajo hubo otra gran pelea, mi madre le reclamó cosas que demostraban la falta de cuidado que tuvo cuando me "dio cuenta" en el registro civil cuando yo apenas había nacido, se culpaban uno al otro y por fin, la solución:

-*"Vos tienes que viajar con Pepito a Salta para que allí en el registro civil le des el apellido, tienes que verlo al yerno de su madrina que trabaja justo ahí*, dijo mi madre a mi padre."

Tuve un largo viaje en tren junto a mi padre y por supuesto que no había temas para hablar, todo se agotaba en cuanto intentábamos mirarnos, hasta que bendita imaginación, comenzamos a hablar de su familia, de su adolescencia, de su trabajo en chango, del servicio militar y al fin llegamos. Una vez en el registro civil supe cómo se "da cuenta" a una persona recién nacida, solo que yo tenía frece años, me hicieron firmar y desde entonces llevé el apellido de mi padre (adoptivo) pero desapareció el apellido de mi madre. Y, también desde entonces, se grabó en mi mente, mejor dicho en mi memoria de largo plazo, esa maldita partida de nacimiento, mi partida de nacimiento con el único apellido de mi madre.

Un día, encontré un cuaderno que mi madre siempre escribía pero medio a escondidas, era lo que le llaman "diario", su diario, y me creció la intriga por saber qué decía hasta que en una oportunidad lo tuve entre mis manos. Hoy me pregunto ¿por qué tuve que leerlo? Si en mi pecho sentía la historia que ya estaba escrita, mi corazón me latía fuerte, mis manos temblaban, mi mirada estaba fija aguda y sin pestañear, y así me enteré de gran parte de la vida de mi madre e inmediatamente sentí un enorme alivio y dije en mis adentros:

-*"Valiente mi mamá, lo que hizo por mí."*

Este proceso marcó a fuego mi memoria y se desató en mi un conflicto de identidad que mucho tiempo después lo solucioné gracias al instinto sagrado que todo tenemos.

Y así fue que con un poco más de treinta años, se me vino a la cabeza toda mi historia, y tomé la decisión de arrimarme al registro civil de Salta capital -donde trabajaba el yerno de mi madrina- y le pedí por favor que me mostrara los papeles míos. Él me pidió que me calme que los traería en un minuto. Así vimos mi Acta de Nacimiento con mi nombre y el apellido de mi madre únicamente, tenía además, los agregados de mis trece años con el apellido de mi padre adoptivo, y dijo: Veo tu "documento de identidad" y observo que hay un gran error, te eliminaron el apellido de nacimiento. Desde allí es que de mis cinco hermanos solamente yo llevo los dos apellidos, el de mi madre y el de mi padre adoptivo. Lloré solo en mi regreso y pude soldar mis eslabones. Es como si ese problema se hubiera borrado de mi mente.

CAPÍTULO 8

Eran tiempos muy difíciles para la ciudadanía entera, principalmente si uno era estudiante universitario. También para los estudiantes secundarios aunque en menor medida. Nosotros los estudiantes universitarios no queríamos perder el año, por lo que diariamente asistíamos a las facultades. Además, una gran mayoría éramos de otras provincias, por lo que no teníamos el control de los padres en cuanto a cuidarse no asistiendo. Yo en particular, estaba en un curso avanzado en la facultad de ingeniería y mis hermanos menores ya habían regresado a Salta.

Por otra parte mi hermano Chacho "el negro", suboficial del Ejército, comandaba el sistema de provisión de municiones y armamentos a las bases ubicadas al oeste en los cerros y valles tucumanos. El abastecimiento se hacía mediante camiones, camionetas y jeeps desde el destacamento Arsenal ubicado al norte de la ciudad de San Miguel de Tucumán, por lo que un convoy de municiones y armamentos que salía desde el Arsenal para dirigirse a los cerros, debía forzosamente cruzar toda la ciudad desde el norte hacia el extremo suroeste. Y por lo tanto, obligadamente pasaba muy cerca de la llamada "quinta agronómica" que es el predio -de más de setenta hectáreas-, donde están radiados casi todos los edificios de las facultades de la UNT, y están, ubicadas de norte a sur, las facultades de agronomía, arquitectura e ingeniería. Y bien al sur, al fondo de la quinta, yergue el Instituto de Ingeniería Eléctrica donde yo tomaba clases todos los días.

Ahora imaginemos a mi hermano en la primera vez que vino a Tucumán como encargado de una misión de guerra -la misión de aprovisionamiento-, rumbeando para los cerros con la incertidumbre de poder volver, lo menos que se le ocurrió fue desviarse para verme personalmente y decirme que se iba a enfrentar a la guerrilla en los cerros y que no sabía si volvía. Momentos muy tristes para los dos.

Pero mi hermano, para buscarme, solo sabía que yo asistía a clases en la "quinta agronómica", dato que con seguridad -se lo dio nuestra madre en Tartagal-. Por lo que él comenzó -lógicamente-, a buscarme por la entrada principal en el norte del predio, es decir ingresando por Avenida Roca, mientras yo estaba en clases contra la Avenida Independencia, o sea, en el extremo sureste de la quinta. Siendo esta búsqueda de parte de dos soldados -mi hermano y su ayudante-, vestidos con ropa de guerra y armamento básico de guerra, por cada una de las aulas de agronomía, de arquitectura, de las otras ingenierías, y así hasta que llegó a mi aula, la más difícil para mi hermano y la más alarmante para mí. Las palabras de mi hermano casi delante de mi profesor el Ingeniero González Vera y de mis compañeros de clase, fueron estremecedoras. La incertidumbre que yo percibía me destrozaba el alma. No sabía cómo retenerlo unos minutos más. Todo fue muy rápido. El abrazo que mi hermano me dio frente a mi aula fue el más emocionante que yo haya vivido con un hermano. Él fue a despedirse más que a saludarme. Recuerdo su rostro pintado, su figura, su caminar, y sentí la fragilidad de su voz. Yo no podía hablar, solo lo miraba. Él también.

Toda esa búsqueda produjo un impactante revuelo sobre mi condición como estudiante en relación a los acontecimientos que se vivían a nivel nacional. Por lo que de ahí yo fui señalado por muchos profesores y estudiantes como una persona relacionada con los guerrilleros. Me costó mucho tiempo limpiar esa marca.

Tuve varias visitas de mi hermano en mi aula de clases. Y la última vez me dijo que lo visitara en el ex ingenio Baviera sobre la Ruta 38, que allí, -tal día y a tal hora-, me esperaría. Que vaya vestido con ropa blanca y con documentos. Por supuesto que fui, tal cual me lo indicó. Lo visité. Él estaba también vestido de blanco y ninguna luz encendida. Y cuando yo le pregunté sobre esos gritos desgarradores, él me dijo muy en voz baja: "esos gritos son de los -fuleros-, los torturan para obtener información. Y que cuando la tortura es negativa, se lo sube a la punta de la chimenea y se lo larga hacia el suelo". Quedé muy impresionado y es la primera vez que hablo sobre este tema.

Transcurridos varios meses, y yo estando en mi departamento, recibo un aviso de mi vecina Doña Chicha: "Pepe, hicieron una llamada telefónica pidiendo que vayas urgente al hospital militar del ejército ubicado en el Regimiento 19 de Infantería, sobre calle Italia al 2700, que están operando a tu hermano Chacho". Tomé un taxi y llegué muy rápido. Me identifiqué y me hicieron pasar. Y para llegar a la camilla donde estaba mi hermano tuve que pasar por muchas otras camillas con soldados heridos en distintas partes de sus cuerpos. Al fin llegué a mi hermano al que no podía abrazarlo porque estaba dormido y con su brazo derecho inmovilizado. El escuadrón a su cargo había recibido una emboscada de parte de los "fuleros, es decir de los guerrilleros", y le volaron parte de la mano. Menos mal que el helicóptero lo elevó rápidamente y lo trajo al R19. Allí lo operó el Capitán Rosales, a quien conocí y me puso al tanto de lo que había pasado y de los cuidados que mi hermano debía tener y de los tratamientos de rehabilitación que debía hacer para recuperar la funcionalidad de su mano derecha. Agradecía a Dios de verlo vivo. A las horas, pude hablar con mi hermano, y me contó: "la emboscada fue arriba en Yacuchina, una lomada con monte muy cerrado, y allí me tiraron a mí porque yo hice una señal para que mis soldados se desplazaran. Los fuleros realizan el primer tiro a matar a los que damos órdenes, no así a los soldados. Pero una vez que se arma, puede caer cualquiera. Menos mal que respondieron rápidamente a la radio. Vino el helicóptero y me elevaron con las cuerdas hasta el móvil y me trajeron aquí. Ya estoy bien gracias a Dios".

Allí, en el hospital, vi muy mucha sangre y heridas en los soldados. Mi hermano me señalaba quienes eran los soldados heridos y que yo conocía. Y efectivamente, esos jóvenes heridos, unos en la cabeza, otros en el cuerpo o en las piernas, eran esos chicos que yo había conocido allá en Tartagal, en el Barrio, -varios pata pila-, y que ellos también me reconocían como jugador de fútbol en All Boys.

También conocí al Teniente Tejerina de Jujuy, herido a la altura de sus dos rodillas, en un combate en los cerros de Santa Lucía. Allí hubo una terrible confusión entre soldados y fuleros. Era cerca de la media noche y estando en descanso un batallón de soldados, divisan la proximidad de un grupo armado. El soldado de guardia da la voz de alto: "¡alto, quien vive!". Y desde el grupo armado se responde "¡grupo Arroyo!". Pero el soldado entiende "¡grupo apoyo!". Por lo que se le da paso al grupo visitante. Se acomodan, se sientan, prenden cigarros, beben agua, hasta que un soldado -a la luz de la luna-, le toca el calzado a un visitante y se sorprende cuando descubre una zapatilla en vez de bota militar. Desesperadamente grita "¡son fuleros, atención, son fuleros!". Por lo que se arma una lucha casi cuerpo a cuerpo, porque estaban a distancias muy cortas, y allí, el Teniente Tejerina de Jujuy recibe una descarga de ametralladora a la altura de sus rodillas. Eso fue una masacre, me lo contaron los soldados en el hospital militar.

Son muchas las historias de la guerrilla que mi hermano me contaba cada vez que él regresaba a Tucumán para sus tratamientos. Me traía hasta panfletos que recolectaba de la vía pública y que obsesionado me decía que -a propósito- a él se lo tiraban.

CAPÍTULO 9

Recuerdo cuando hice mi primera comunión junto a mi hermano menor, Chacho. Teníamos diez añitos y creo que nadie en el mundo tuvo una ceremonia de ese tipo, y una vez más mi madre lo consiguió.

Como ya lo conté, mi casa en Tartagal estaba al norte de mi pueblo, muy cerca del cementerio. Siete cuadras más al norte aún, vivía Doña Flora quien todos los años citaba a la gente para la novena de la Virgen del Valle -nueve días antes del 8 de Diciembre-, y luego se continuaba con la adoración al niño Dios hasta Navidad y así llegar a la fiesta de los Reyes Magos.

Las reuniones se alegraban con bailes de adoración al Niño Dios en parejitas de chicos acompañados por violines, cajas y bombos. Única ceremonia espiritual que me llegó hasta el alma y con seguridad que allí estaba Jesús con nosotros derramando el Espíritu Santo sobre nuestras cabezas. Reaseguro que desde allí tengo bendiciones sobre mí las que me salvaron de muchos peligros.

El día en que mi hermano menor y yo tomamos la Primera Comunión -un 8 de Diciembre- vino el "misachico" de la Virgen desde la casa de Doña Flora hasta la mía, con mucha gente en procesión. Allí nos recibieron y nos pusieron delante de todos y así por las calles de mi pueblo caminamos con música y alegría hasta la Iglesia La Purísima. Escuchamos la misa con todos mis compañeros de colegio y tomamos la Primera Comunión. Luego de regreso, con la Virgen y su corte, nos trajeron a nuestra casa. Varios días estuve lleno de esa emoción y del Espíritu Santo. Tanto era la pureza vivida que no quería mirar algo que me distrajera de mi ser y palideciera mi alma brillante de aquel Sacramento. Tan es así que cuando pasaba por aquella casa de fotografía de Don Álvarez, en donde frecuentemente me quedaba a ver las fotos de vidriera buscando algo nuevo, ya no resultaban atracción para mí.

La adoración, el misachico y mi Primera Comunión, le pusieron un sello a mi alma para obrar con frescura y alegría en todo lo que se me presentó en la vida. Hoy, aún no es tarde, sé que ahora es el mejor momento y como siempre, estas herramientas -las espirituales-, son las únicas que me dan fuerzas para lograr mis propósitos.

Que hermoso que haya recordado aquella única y pura experiencia espiritual. Y de verdad, son las cosas que me impregnaron y que llevo en mi alma como una reliquia.

Sobre el Autor

José Ramón Vilte Grande

<u>Autor de los libros:</u>

"CÓMO DISMINUIR LA FACTURACIÓN DE LA POTENCIA ELÉCTRICA"
Nuevo Método Estructurado para Detectar y Aprovechar Oportunidades de Alta Eficiencia en la Industria y Otras Demandas mayores de 10 kW.

"LAS DISTRIBUIDORAS DE ENERGÍA ELÉCTRICA
Y EL PASS-THROUGH"
· ¿Violaciones del Pass-Through, Sobrefacturación y Ganancias Extraordinarias de las Empresas?

<u>Trayectoria:</u>

- Técnico Mecánico Electricista. Esc. Técnica Vespucio. Salta.
- Ingeniero Electricista Orient. Industrial. UNT.
  - Mede-Master Ejecutivo en Dirección de Empresas. Fundación del Tucumán y Universidad Católica de Valparaíso, Chile.
  - Docente de la FACET. UNT. En las Asignaturas: Matemática Aplicada, Máquinas e Instalaciones Eléctricas, Instalaciones Eléctricas, Sistemas Eléctricos de Distribución, Administración de Servicios Industriales, Mercado Eléctrico, Administración de la Producción y Costos de la Producción, para las carreras de: Ingeniería Eléctrica Orient. Industrial, Ingeniería Electricista, Ingeniería Electrónica, Ingeniería Mecánica, Ingeniería Civil, Ingeniería Industrial y Tecnicatura en Industria Azucarera.
  - Docente de la UTN. Facultad Regional Tucumán. En las Asignaturas: Análisis Matemático I, Geometría Analítica, Programación I, Transmisión de la Energía Eléctrica y Desarrollo de Proyectos.
  - Capacitado en la SEN - Secretaría de Energía de la Nación, en el PISD - Proyecto de Ingeniería de Sistemas Eléctricos de Distribución.
  - Capacitado en EDF - Electricité De France, Francia.
  - Capacitado en ENEL – Ente per le Energía Eléctrica, Italia.
  - Capacitado en UNAM – Universidad Autónoma de México, México.
  - Capacitado en UADE – Universidad Argentina de la Empresa.
  - Proyectista Senior de Líneas de Transmisión de la Energía Eléctrica, de AyEE – Agua y Energía Eléctrica.
  - Subgerente de EDET S.A. en Programación Empresaria, Sistemas y Control de Gestión.
  - Asesor de la DEP – Dirección de Energía de la Provincia de Tucumán.

■ Gerente del ENRESP – Ente Regulador de Servicios Públicos de la Provincia de Salta.
■ Asesor de la FET – Federación Económica de Tucumán.
■ Asesor del Presidente de la Comisión de Energía y Comunicaciones de la H. Legislatura de Tucumán.
■ Asesor de la Defensoría del Pueblo de la Provincia de Tucumán.
■ Especialista en Regulación Económica de Servicios Públicos.
■ Proyectista y Director Técnico de obras e instalaciones eléctricas en inmuebles.
■ Investigador de Aplicaciones de la Ingeniería Eléctrica.

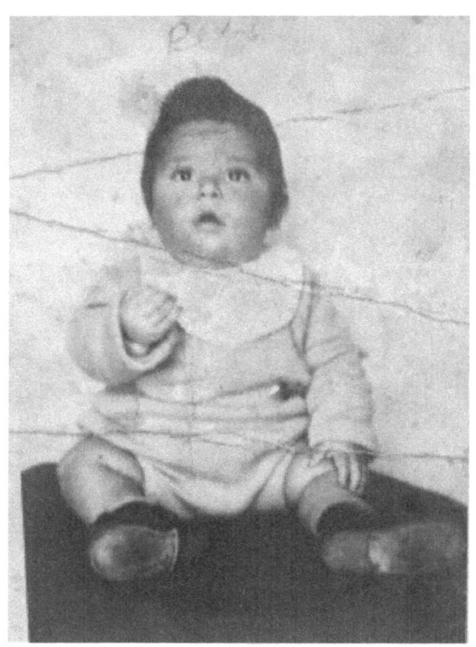

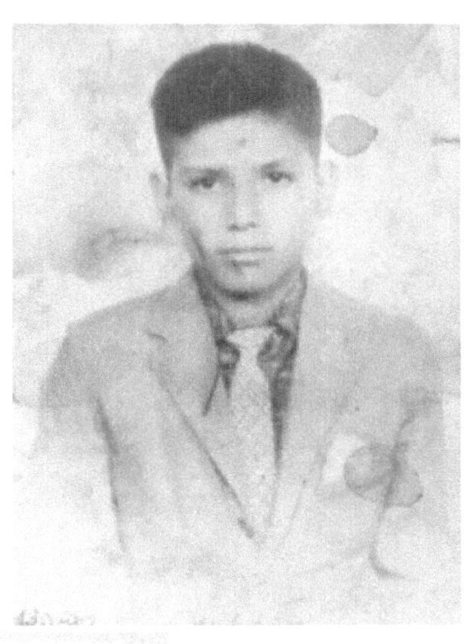